KINDER

DES

KOSMOS

KINDER DES KOSMOS

Friedrich von Schillers

„THEOSOPHIE DES JULIUS"

Erläutert von K. O. Schmidt

DREI EICHEN VERLAG

D–8300 Ergolding

CIP-Titelaufnahme der Deutschen Bibliothek

Schmidt, Karl O.:
Kinder des Kosmos: Friedrich von Schillers „Theosophie des Julius" / erl. von K. O. Schmidt. – 2. Aufl. – Ergolding: Drei-Eichen-Verl., 1990
ISBN 3-7699-0497-4

ISBN 3-7699-0497-4
Verlagsnummer 497

© 1969 by Drei Eichen Verlag, D-8300 Ergolding

Nachdruck, auch auszugsweise, die fotomechanische Wiedergabe, die Bearbeitung als Hörspiel, die Übertragung durch Rundfunk, die Übernahme auf Datenträger sowie die Übersetzung in andere Sprachen bedürfen der ausdrücklichen Genehmigung des Drei Eichen Verlages, D-8300 Ergolding.
2. Auflage 1990
Druck und Bindung: Ebner Ulm

INHALTSVERZEICHNIS

Zum Geleit 7

I. DIE WELT UND DAS DENKENDE WESEN

Das Universum als Gedanke Gottes 15
Die geistige Einheit allen Seins 19
Wie oben, so unten 23
Tod und Unsterblichkeit 26
Überall Leben! 29

II. IDEE

Vollkommenheit als Ziel 31
Denken heißt Schaffen 33
Alles Große ist in uns 37
Vorstellung wird Wirklichkeit 39
Auf Vollkommenheit angelegt 42
Beginn der Verwirklichung 45
Der Mensch als Schöpfer 47
Der Geist ist vollkommen 49
Glückseligkeit als Bestimmung 52

III. LIEBE

Offenbarung der Urkraft 55
Reicher werden durch Liebe 57
Wesen-Einigung durch Liebe 59
Freundschaft – Liebe – All-Liebe 61
Geist der Einheit 64
Unvergängliche Liebe 66

IV. AUFOPFERUNG

    Wesen der Liebe 69
    Stufen der Liebe 71
    Unsterbliche Liebe 74
    Opfergeist 76

V. GOTT

    Der Geist des Ganzen 79
    Aufstieg zur Einheit 83
    Liebe – Kraft der All-Einung 88
    Allvergöttlichung 90
    Der Innenweg der Religio 93
    Liebe – Schlüssel zur Einheit 96
    Auf dem Wege zu kosmischer Bewußtheit 98
    Aufgang des Innenlichts 102
    Kinder des Kosmos 105

ZUM GELEIT

„Nichts Höheres gibt es als die Wahrheit" *Schiller*

Für den Wahrheitssucher ist nichts erhebender und beglückender als die Einsicht, daß zu allen Zeiten, bei allen Völkern auf unserem Planeten die gleichen lichten Unwahrheiten erkannt und verkündet wurden, daß immer wieder im Wandel der Jahrtausende die Sonne der Wirklichkeits-Erkenntnis die Wolken des Alltags-Sinnenlebens durchbrach und der unaufhaltsam vorwärtsstrebenden Menschheit lebendige Impulse zu neuem schöpferischem Leben schenkte.

Alle ewigen Wahrheiten – wie auch immer die Wege zu ihrer Entdeckung oder Wiederentdeckung sein mögen – laufen auf die Innewerdung der Doppelnatur des Menschen hinaus, der seiner äußeren, körperlichen Erscheinung nach ein Kind der Erde, seinem inneren, geistigen Wesen nach ein Kind des Kosmos ist und im letzten eins mit dem Einen, dem Geist des Alls.

Wenn wir durch das zeitgebundene Äußerliche der Religionen hindurch auf ihren Kern stoßen, wird uns ihr Gemeinsames bewußt: ihre im Grunde übereinstimmende Botschaft von der inneren Einheit des Menschenwesens mit dem kosmischen Urquell allen Lichts und Lebens und aller Kraft.

Wenn wir die Lehren der großen Geister und Meister der Menschheit – von Krishna und Lao-Tse, Zarathustra und Buddha, Sokrates und Jesus, Plotin und Augustin, Muhammed und Shankaracharya bis zu Meister Eckehart und seinen Nachfolgern, bis zu Emerson und Goethe, Rückert und Schiller und den Wahrheitskündern unserer Tage – auf ihr Wesentliches zurückzuführen, offenbaren sie sich gleichfalls als mehr oder minder deutliche und bedeutsame Widerspiegelungen der befreienden Erkenntnis der inneren Lichtheit und Einheit aller Wesen mit dem Weltengeist.

Und wenn wir aus dieser Sicht das philosophische Bekenntnis des jungen *Schiller* – seine „*Theosophie des Julius*" – als Erwachen zu der gleichen Urwahrheit werten, kann es uns zur Brücke werden zu lebendigem Innewerden oder Er-Innern der kosmischen Herkunft und Zukunft des ‚idealischen', inneren Menschen.

*

Die langen Winterabende des Jahres 1775 im Heim seines Jugendfreundes *Gottfried Körner* in Dresden, eines weitgereisten, vielseitig gebildeten Mannes, des Vaters Theodor Körners, mit ihrem sprudelnden Gedankenaustausch zwischen dem vorwärtsdrängenden Schiller und dem älteren Körner scheinen den Abschluß einer entscheidenden Geistesperiode in Schillers Leben zu bilden und zugleich den Beginn einer neuen, umfassenderen, universaleren.

Eine ihrer schönsten Früchte stellen die „*Philosophischen Briefe*" dar mit ihrem wesenhaften Kern, der „Theosophie des Julius". Diese Briefe, ein Gedankenaustausch zwischen *Julius* – dem jungen Schiller – und *Raphael* – dem etwas älteren Körner – wurden erstmals 1786 in der von Schiller herausgegebenen „Thalia" mit einer Vorbemerkung veröffentlicht, in der gesagt wird, daß „einige Freunde, von gleicher Wärme für die Wahrheit und die sittliche Schönheit beseelt, die sich auf ganz verschiedenen Wegen in derselben Überzeugung vereinigt haben und nun mit ruhigem Blick die zurückgelegte Bahn überschauen", in diesen Briefen zweier Jünglinge einige „Revolutionen und Epochen des Denkens" zum Ausdruck bringen wollen.

Es heißt dann weiter: „Die Fortsetzung des Briefwechsels wird es erweisen, wie diese oft einseitig überspannten, oft sich widersprechenden Behauptungen endlich in eine allgemeine, geläuterte und fest gegründete Wahrheit sich auflösen."

Raphael-Körner hatte dem erkenntnisdurstig vorwärtsstürmenden *Julius*-Schiller seine Weltanschauung, in der die Vernunft herrscht, enthüllt... Kaum aber war Raphael, der kundige Führer durch die neue Welt, fort, begannen die gedanklichen Schwierigkeiten Julius zu überwältigen. Die Schlüsse, zu denen sein Denken kam, erschienen ihm verwirrend, anarchisch – und der Wunsch glühte in ihm empor, zum ursprünglichen Glauben zurückzukehren... Doch er muß erkennen, daß das Neue den früheren Glauben zerbrochen hat. Und sein Brief an Raphael wird zur Anklage:

"Du hast mir den Glauben gestohlen, der mir Frieden gab. Du hast mich verachten gelehrt, wo ich anbetete. Tausend Dinge waren mir so ehrwürdig, ehe Deine traurige Weisheit sie mir entkleidete. Oh, beneide dem armen Menschen doch den wohltätigen Schlaf! Wecke ihn nicht! Er war so glücklich, bis er anfing zu fragen, wohin er gehen müsse und woher er gekommen sei. Die Vernunft ist eine Fackel in einem Kerker... Ersetzt mir Deine Weisheit, was sie mir genommen hat? Du hast eine Hütte niedergerissen, die bewohnt war, und einen prächtigen toten Palast an deren Stelle gegründet. Raphael, ich fordere meine Seele von Dir. Ich bin nicht glücklich..."

Raphael verstand seine Zweifel als Notwendigkeiten seiner inneren Wandlung. Er antwortete dem Freunde und machte ihm das Gute der Krisis bewußt:

"Undankbarer, Du schmähst die Vernunft und vergissest, was sie Dir schon für Freude geschenkt hat. Die Stufe, auf der Du standest, war Deiner nicht mehr wert... Ich weiß noch, mit welcher Entzückung Du den Augenblick segnetest, da die Binde von Deinen Augen fiel."

Er fordert nun von Julius, gewissermaßen als Abschluß seiner Selbstbesinnung, die zusammenfassende Aufzeichnung seiner neuen tieferen Einsicht und Erkenntnis.

Julius folgt dem Rat und schickt ihm die gewünschte Aufzeichnung: eben die „Theosophie des Julius", das Weltbild des jungen Schiller.

Und nun hilft Raphael ihm, in der bewußten Verwirklichung dieses universalen Weltbildes den Weg aus den schon schwindenden Zweifeln völlig herauszufinden und den Pfad zu betreten, der ihn zu wachsender Klarheit, umfassender Wirklichkeitserkenntnis und unendlicher Liebe zu allem Sein als Offenbarung des in allem lebenden göttlichen Urwesens leitet.

*

Die „*Theosophie des Julius*"* ist das metaphysische Glaubensbekenntnis des jungen Schiller, für den Philosophie und Religion *eins* sind. Sie zielt auf den seiner All-Einheit gewissen inneren, *geistigen Menschen*, das innerste Selbst, von dem Schiller in den Philosophischen Briefen – im 4. Brief über die ästhetische Erziehung des Menschen – sagt:

„*Jeder individuelle Mensch trägt, der Anlage und Bestimmung nach, einen reinen idealischen Menschen in sich, mit dessen unveränderlicher Einheit in allen seinen Abwechslungen übereinzustimmen die große Aufgabe seines Daseins ist.*"

Diese Bewußtmachung der Geisthaftigkeit, des kosmischen Ursprungs und der Allverbundenheit des inneren Menschen erhebt

---

* Der Schillersche Text ist im folgenden durch schräge Schrift hervorgehoben.

seine „Theosophie des Julius" in den Rang einer *dynamischen All-Einheitslehre*, die dem Pan-en-theismus der Mystiker aller Zeiten und Völker allgemein und dem geistigen Universalismus *Plotins* im besonderen verwandt ist, sind doch die Grunderkenntnisse die gleichen:

Die Welt – ein Gedanke Gottes; der Mensch – ein Strahl göttlichen Lichts, geboren aus der Liebe Gottes und berufen und befähigt, im Laufe seiner irdisch-kosmischen Pilgerfahrt wieder eins zu werden mit dem Einen.

Über dem Dichter Schiller wurde und wird seine Bedeutung als Lebensphilosoph weithin übersehen – vielleicht, weil er seinem eigenen Wahlspruch folgte: „Lebe mit deinem Jahrhundert, aber sei nicht sein Geschöpf; leiste deinen Zeitgenossen, aber was sie *bedürfen*, nicht, was sie loben."

Was seine „Theosophie des Julius" ebenso vital wie zeitlos gültig macht, ist die Tatsache, daß sie den, der ihrem Gedankengang folgt, zu eigenem Erkennen leitet und ihm zu eigenem Verwirklichen verhilft: zur Selbstverwirklichung und zur bewußten Realisierung seiner Harmonie mit dem Unendlichen.

Letzte Konsequenz seiner Lebensphilosophie ist die Erkenntnis des in jedem schlummernden göttlichen Funkens, das Erwachen zur inneren Einheit und damit die re-ligio: die Wieder-Verbindung des ewigen kosmischen Selbstes in uns mit dem All-Selbst – die Einswerdung mit dem Einen.

THEOSOPHIE DES JULIUS

I. DIE WELT UND DAS DENKENDE WESEN

DAS UNIVERSUM ALS GEDANKE GOTTES

Das Universum ist ein Gedanke Gottes. Nachdem dieses idealische Geistesbild in die Wirklichkeit hinübertrat und die geborne Welt den Riß ihres Schöpfers erfüllte – erlaube mir diese menschliche Vorstellung –, so ist der Beruf aller denkenden Wesen, in diesem vorhandenen Ganzen die erste Zeichnung wiederzufinden, die Regel in der Maschine, die Einheit in der Zusammensetzung, das Gesetz in dem Phänomen aufzusuchen und das Gebäude rückwärts auf seinen Grundriß zu übertragen. Also gibt es für mich nur eine einzige Erscheinung in der Natur, das denkende Wesen.

Die erste These betont den „Beruf aller denkenden Wesen", den der irdischen und kosmischen Entwicklung zugrundeliegenden Plan und die steuernden dynamischen Impulse zu entdecken, die allen Erscheinungen und Wandlungen vorrangige *Einheit* zu erkennen und, dahinter, den alles ursachenden und lenkenden Weltenbaumeister selbst.

Dieser Berufung folgt, wer die delphische Forderung erfüllt: „Erkenne Dich selbst!", da alle Selbst-Besinnung, auf dem Wege nach innen, zur Bewußtwerdung der All-Einheit und Unvergänglichkeit des innersten Selbstes führt, damit wieder zur Erkenntnis der Geistigkeit des Alls und allen Lebens und, im letzten, zur Wieder-Verbindung mit dem kosmischen Kybernetes, dem denkenden Urwesen, das wir *Gott* nennen.

Zu gleicher Einsicht gelangte ein Zeitgenosse Schillers, der ihm kongeniale Naturforscher und Philosoph Carl von *Eckartshausen*, mit seiner Feststellung:

„Gott ist das Leben und die Quelle des Lebens. Er offenbart sich in unendlichen Kräften und auf unendliche Weisen. Überall kündet diese Kraft ihr Dasein. Gott ist die Kraft aller Kräfte, die Seele aller Seelen; ohne ihn ward keine, ohne ihn wirkt keine . . .

Gott ist der Urquell aller Gedanken, der *Denker*, dessen Weisheit und Wille eins ist. Nach dieser göttlichen Wesenheit richtet und verhält sich alles Geschaffene, weil Erschaffen Offenbarung der Liebe, Typus der Gottheit und *Leben* ist; daher Gott ist in allem und alles in Gott, in dem der ewige Wille lag, ihm ähnliche Wesen ins Dasein zu rufen und zu ähnlicher Seligkeit zu bestimmen . . .‟

Diese Worte erinnern an Schillers Verse:
„Freudlos war der große Weltenmeister,
Fühlte Mangel – darum schuf er Geister,
Sel'ge Spiegel seiner Seligkeit . . .‟,

die im myriadenfachen Wendeprozeß im Universum wie in der eigenen Entfaltung und Höherentwicklung Selbstoffenbarungen des Göttlichen erahnen oder erkennen.

Denn „nachdem dieses idealische Geistesbild in die Wirklichkeit hinübertrat‟, nachdem die sichtbare Welt als Gedanke des Schöpfers aus der Latenz zu raum-zeitlicher Realisierung gelangte – was, wie *Plotin* sagen würde, in dem Moment geschah, da der oder das EINE, das ‚denkende Wesen‘, das geistige Bild des Kosmos in sich formte und aus sich herausgestaltete –, geht das Sehnen aller zu sich selbst erwachenden Wesen dahin, diesen Urquell ihres Seins und ihrer Kraft, die ‚Regel in der Maschine‘, die Einheit in der Zusammensetzung, den Geist des Ganzen wiederzuentdecken und mit ihm, dem *Einen*, wieder eins zu werden.

Die „Theosophie des Julius‟ beginnt bei ihm, dem ‚Denkenden Wesen‘, aus dessen Gedanken das sichtbare Universum hervorging. Und die von ihr dem Menschen zugewiesene Berufung geht dahin, das der unendlichen Mannigfaltigkeit der Wesen und Formen zugrundeliegende Eine wiederzufinden, sich aus der Einsamkeit des Einzelnen zur Einheit mit dem Ganzen zu erheben.

Im Bruchstück „Philosophie der Physiologie‟ geht Schiller im ersten Abschnitt über die Bestimmung des Menschen von der gleichen Überzeugung aus, daß „das Universum das Werk eines unendlichen Verstandes sei, entworfen nach einem trefflichen Plane":

„Der Geist des Menschen, mit Kräften der Gottheit geadelt, soll aus dem Einzelnen Ursach' und Absicht, und aus ihrem Zusammenhang den großen Plan des Ganzen entdecken, aus dem Plane den Schöpfer erkennen, ihn lieben, ihn verherrlichen."

Diese Berufung aller denkenden Wesen ist ihnen, wie meditative Selbst-Besinnung deutlich macht, eingeboren. Sie äußert sich als unstillbares Sehnen und Drängen nach einem Höheren, dem man sich innerlich verbunden fühlt, in einem Zug nach oben, dessen sich der noch erdverhaftete Mensch selten bewußt wird ...
... Es ist das Sehnen des im Menschenwesen schlummernden göttlichen Selbstes nach der Rückkehr zu seiner wahren Heimat, zu den lichten Reichen des Geistes. Es ist das Verlangen des Gottfunkens im Seelengrund nach der Wiedervereinigung mit seiner Ursonne, der er einst entstrahlte.
In Schillers „Theosophie des Julius" kristallisiert sich dieses Sehnen zu lebendiger Wirklichkeitserkenntnis:

„Der Mensch ist da, daß er nachringe der Größe seines Schöpfers, mit eben dem Blick die Welt umfasse, wie sein Schöpfer sie umfaßt. Gottgleichheit ist die Bestimmung des Menschen. Unendlich zwar ist dies sein Ideal; aber der Geist lebt ewig."

Mit anderen Worten: Der Anlage und dem innersten Wesen nach ist der Mensch Träger göttlicher Kraft und Weisheit. Als Gottfunke ist er eins mit dem göttlichen Urlicht. Da er aber während seiner planetaren Verkörperung vorwiegend nach außen lebt und von seinem Innern wenig weiß, wähnt er sich getrennt und fern vom Göttlichen, fühlt sich in Gut und Böse gespalten und steht zunächst vor der Aufgabe, die verlorene *innere Einheit* und Wesensganzheit wiederzugewinnen.

Danach erst kann er die weiteren Schritte tun zum Innewerden seiner geistigen Einheit mit allem Leben im All und seiner kosmischen Einheit mit dem Geist des Lebens selbst. Alsdann kann er seiner Berufung folgen und die geahnte Harmonie mit dem Unendlichen in lebendige Wirklichkeit verwandeln.

Der Weg zu dieser Selbstverwirklichung und All-Einung führt über die Stufen der Stille und Sammlung, Meditation und Kontemplation mit ihren Früchten wachsender Bewußtseinsweitung, Intuition, Erleuchtung und Einswerdung.

Es ist der Weg vom wandelgebundenen Erdenmenschen zum kosmischen Geistmenschen, der seiner Allunmittelbarkeit, seiner Einheit mit dem Urquell allen Lebens und Seins bewußt und gewiß ist.

Die Voraussetzungen und Kräfte zu solcher Einswerdung sind in jedem Wesen latent vorhanden. Schiller war, wie Humboldt sagt, durchdrungen von dem Glauben an „die *dem Menschen unsichtbar innewohnenden Kraft* und von der erhabenen und so tief wahren Ansicht, daß es eine innere geheime *Übereinstimmung* geben muß zwischen ihr und der das ganze Weltall ordnenden und regierenden Macht, und daß alle Wahrheit nur Abglanz der ewigen ursprünglichen sein kann".

Aus der Gewißheit der inneren Gegenwart dieser kosmischen Macht im Menschen und aus der Erkenntnis, daß er, wie Schiller sagt, „die Anlage zur Gottheit unwidersprechlich in seiner Persönlichkeit in sich trägt", erblüht, auf dem Wege nach innen, das Erwachen der Seele, das Innewerden der Wirklichkeit hinter allem Schein, dessen Krönung die Einswerdung mit dem Einen ist.

DIE GEISTIGE EINHEIT ALLEN SEINS

Die große Zusammensetzung, die wir Welt nennen, bleibt mir jetzt nur merkwürdig, weil sie vorhanden ist, mir die mannigfachen Äußerungen jenes Wesens symbolisch zu bezeichnen. Alles in mir und außer mir ist nur Hieroglyphe einer Kraft, die mir ähnlich ist. *Die Gesetze der Natur sind die Chiffren, die das denkende Wesen zusammenfügt, sich dem denkenden Wesen verständlich zu machen, – das Alphabet, vermittelst dessen alle Geister mit dem vollkommensten Geist und mit sich selbst unterhandeln. Harmonie, Wahrheit, Ordnung, Schönheit, Vortrefflichkeit geben mir Freude, weil sie mich in den tätigen Zustand ihres Erfinders, ihres Besitzers versetzen, weil sie mir die Gegenwart eines vernünftig empfindenden Wesens verraten und meine Verwandtschaft mit diesem Wesen mich ahnen lassen. Eine neue Erfahrung in diesem Reich der Wahrheit, die Gravitation, der entdeckte Umlauf des Blutes, das Natursystem des Linnäus bedeuten mir ursprünglich das gleiche, was eine Antike, in Herculaneum hervorgegraben – nämlich beides nur Widerschein eines Geistes, neue Bekanntschaft mit einem mir ähnlichen Wesen. Ich bespreche mich mit dem Unendlichen durch das Instrument der Natur, durch die Weltgeschichte – ich lese die Seele des Künstlers in seinem Apollo.*

Je tiefer einer in der meditativen Selbst-Besinnung in sich hineinschreitet und je näher er dabei seinem Wesenszentrum kommt, desto sichtbarer wird ihm alles in ihm wie um ihn in der Natur zur Hieroglyphe, zum Sinnbild und Ausdruck einer *Kraft, die ihm ähnlich ist.* Und desto deutlicher erkennt er sich selbst, sein göttliches Selbst, als lebendiges Geistkraftfeld, das seinerseits Ausstrahlung und Bestandteil ist einer universalen Macht: des kosmischen Wesenskraftfeldes der Gottheit.

Aus den Gesetzen der Natur lassen sich ebenso wie aus den Strebungen des eigenen Wesens die zugrundeliegenden geistigen Wirk- und Bildekräfte, hinter diesen ein ebenso weisheitsvoller wie universaler Werde- und Entwicklungsplan und, im letzten, der in allem waltende kosmische Wille und Geist erkennen.

Aus der Erkenntnis der lebendigen Gegenwart des Göttlichen in allem Leben erwächst die der *geistigen Einheit allen Seins*. Damit verschmelzen die vielgestaltigen Formen des Seins mit dem Göttlichen wie untereinander zu *eins*. Sie sind alle gleichermaßen Ausdruck der Liebe des Ewigen, des ‚Urbildes des Guten', wie Plato sagt, Spiegel seiner selbst und – im Grunde – Er selbst.

„Ich lese die Seele des Künstlers in seinem Apollo" – ich erkenne den Unendlichen Geist des Lebens in seinen Werken, Gottes Allvollkommenheit in der unübertrefflichen Schönheit und Harmonie der Welten: der Welt in mir wie des Mikrokosmos und Makrokosmos außer mir. Ich erkenne, mit Schiller, daß

> „*Ein* Gott, *ein* heiliger Wille lebt,
> Wie auch der menschliche wanke;
> Hoch über der Zeit und dem Raume webt
> Lebendig der höchste Gedanke.
> Und ob alles im ewigen Wechsel kreist,
> Es beharret im Wechsel ein ruhiger Geist."

Das Beharrende im Wechsel zu erkennen, das Unendliche im Endlichen – und aus dieser Erkenntnis heraus *all-bewußt schöpferisch zu leben*, ist Aufgabe und Beruf des Menschen.

... Vor Jahrtausenden, als unsere Zeit noch im Schoße der Zukunft ruhte, nannten die Weisen Indiens das ‚als letzte, ursachlose Ursache' hinter allem Wesende das *Parabrahman*, das als überseiendes Nicht- und All-Sein erfahren und erkannt wurde. Chinas größter Weiser, *Lao-Tse*, nannte es *Tao*. Und der von der Weisheit des Ostens inspirierte griechische Philosoph und Mystiker *Plotin* nannte es schlicht das EINE. Seine Enneaden künden von ihm:

„Alles ist eins. Alles Einzelne geht aus dem Einen hervor, das selbst in sich verharrt. Alles Sein wächst empor wie die Pflanze aus der Wurzel, die selbst ruhig in sich ruht. Die hervorgegangenen Dinge und Wesen entfalteten sich zu einer ungeteilten Menge – wie Blüten, deren jede ein Bild ihres Ursprungs in sich trägt."

Anders gesagt: die Vielfalt der Erscheinungsformen hat ihren Ursprung in der Nicht-Vielheit. Sie wäre nicht, wenn nicht vor ihr etwas wäre, das Nicht-Vielheit ist, also *Einheit*. Aus diesem Urgrund, dem EINEN, ging alles hervor, in ihn kehrt alles zurück. Mit diesem überseienden Einen, dem absoluten All-Selbst, ist unser innerstes Selbst unlösbar verbunden und eins.

Was Plotin über das jenseits alles Seienden unerkennbar wesende Eine aussagt, ist nicht Ergebnis philosophischer Spekulation, sondern Frucht unmittelbarer Wirklichkeitserfahrung: Wie andere vor ihm, erfuhr er im Erwachen der Seele den Aufbruch des inneren Lichts und gewann in der Erleuchtung die Gewißheit der Gottunmittelbarkeit seines innersten Wesens.

Dieses Erlebnis des Einsseins mit dem Einen wurde ihm mehrmals zuteil als ein „von innen hervorbrechender Glanz, vergleichbar dem Licht der Sonne, das aus ihr, die selbst unverändert bleibt, allseitig hinausstrahlt".

Aus dieser kosmischen Weitung seines Bewußtseins will seine Kündung verstanden werden:

„Nur ein Teil unseres Selbstes ist in den Leib getaucht, wie wenn einer mit den Füßen im Wasser steht, mit dem übrigen Körper aber daraus hervorragt. Erheben wir uns nun in den Teil unseres Wesens, der nicht in den Körper getaucht ist, so vereinigen wir uns durch unseren eigenen Wesensmittelpunkt mit dem Zentrum der geistigen Welt. Wir sind dem Einen nahe, sowie wir uns ihm innerlich zuwenden – mit dem Teil unserer Seele, der immer in der göttlichen Sphäre bleibt, ewig im Ewigen wurzelnd."

Offensichtlich hatte auch *Schiller* in jungen Jahren eine Berührung mit dem inneren Licht, die ihn inspirierte, das, was in ihm lebendig wurde, in Worte zu kleiden, die, wie es nicht anders sein kann, mit den Erkenntnissen aller zu kosmischer Bewußtheit Erwachten übereinstimmen. Darüber hinaus mag er durch mannigfache Kanäle mit der Gedankenwelt Plotins und ihm kongenialer abendländischer Mystiker in Berührung gekommen sein, wie unter anderen Franz *Koch* („Schillers Philosophische Briefe und Plotin", Leipzig 1926) nachzuweisen versuchte.

Wie dem auch sei, seine „Theosophie des Julius" ist, wie die Enneaden Plotins oder der Tao-Teh-King Lao-Tses, Kündung eines dynamischen Panentheismus, einer *geistigen All-Einheitslehre*, deren praktischen Folgerungen erst uns Heutigen in ihrer vollen Bedeutung bewußt werden.

WIE OBEN, SO UNTEN

Willst du dich überzeugen, mein Raphael, so forsche rückwärts. Jeder Zustand der menschlichen Seele hat irgendeine Parabel in der physischen Schöpfung, wodurch er bezeichnet wird, und nicht allein Künstler und Dichter, auch selbst die abstraktesten Denker haben aus diesem reichen Magazine geschöpft. Lebhafte Tätigkeit nennen wir Feuer; die Zeit ist ein Strom, der reißend von hinnen rollt; die Ewigkeit ist ein Zirkel; ein Geheimnis hüllt sich in Mitternacht, und die Wahrheit wohnt in der Sonne.

Was Schiller ahnte, ist heute Gewißheit: Alles, was wir in uns wahrnehmen, hat seine gleichnishafte Entsprechung in der Welt um uns; und was im Kosmos geschieht, findet seine Widerspiegelung im Menschen: in ihm schneiden sich die Kraftlinien der Verwandtschaften und Harmonien zwischen Makro- und Mikrokosmos; er ist Mitte und Mittler beider Welten, überschaut und begreift beide und spürt – mit Goethe –:

„So im Kleinen wie im Großen
Wirkt Natur, wirkt Menschengeist, und beide
Sind ein Abglanz jenes Urlichts droben
das unsichtbar alle Welt erleuchtet."

Die Erkenntnis der Über-ein-stimmungen zwischen oben und unten, innen und außen leitet letztlich wiederum zum All-Einen als dem Urquell allen Seins und aller Erscheinungen. Diese Einsicht beglückt, weil sie der Erfahrung entquillt, daß „die Wahrheit in der Sonne wohnt" und sich dem Einwärtsschreitenden im Aufgang der Innensonne enthüllt.

Welche Wahrheit? Die, daß auch im geringsten Geschöpf das

höchste Wesen sich verkörpert und spiegelt, daß das letzte Elektron wie der sonnenhafte Seraph an der göttlichen Allwesenheit teilhat, daß alles mit allem innerlich verwandt und eins ist – und daß jedem Wesen ein Strahl jener Schöpferkraft eigen ist, die im Atom wie im All unaufhörlich am Werke ist.

Goethes „Im Innern ist ein Universum auch" entsprang, wie wir heute wissen, intuitiver Erfassung der Wirklichkeit. Die innere Welt ist nicht kleiner als der Makrokosmos mit seinen Billionen Sterneninseln, deren jede aus Milliarden Spiralnebeln mit je einigen hundert Milliarden Sonnenreichen besteht, weshalb der Dichter uns mit Recht mahnt:

> „Müsset im Natur-Betrachten
> Immer Eins wie Alles achten.
> Nichts ist drinnen, nichts ist draußen,
> Denn was innen, das ist außen",

wofür wir auch setzen können:

> „Nichts ist drunten, nichts ist droben,
> Denn was unten, das ist oben."

Dieses innere Verbunden- und Einssein untereinander und mit dem Einen enthüllt sich dem Wahrheitssucher bei jedem Schritt nach innen. So erstrahlte im Aufgang des Innenlichts in *Schiller* das Gewißsein seines Einsseins wie aller Einheit mit dem Weltengeist. Ihm ward bewußt, was Hermes Trismegistos in seiner „Tabula smaragdina" vor Jahrtausenden kündete:

„Was oben *ist, ist wie das, was* unten *ist, und was* unten, *ist dem oben gleich – zu offenbaren die Wunder des Einen . . .*

Horchet in euch selbst und ihr blickt in die Unendlichkeit des

Raumes wie der Zeit – in euch wie außer euch! Von da erklingen euch der Gesang der Sterne, die Sprache der Zahlen, die Harmonie der Sphären . . . Denn das menschliche Gemüt ist aus Gottes Wesen. Es ist nicht verschieden von ihm, sondern mit ihm vereint wie das Licht mit der Sonne . . . Der Aufgang der Gottes-Erkenntnis ist der Nichterkenntnis Untergang."

Die gleiche Kraft, das gleiche Wesen, das im Urlicht strömt, quillt und schafft auch in den einzelnen Lichtfunken, den Seelen. Ist es darum ein Wunder, wenn sie in sich die Entsprechungen aller äußeren Dinge finden und draußen die Sinnbilder des eigenen inneren Lebens? Wohl dem, der der Gleichnishaftigkeit allen Lebens inne wird, hinter dem Schein das Sein, hinter der Vielheit die Einheit sieht und sich – mit Goethe – besinnt:

„Wir leben in einer Zeit, in der wir uns täglich angeregt fühlen, die beiden Welten, denen wir angehören, die obere und die untere, als verbunden zu betrachten, das Ideelle im Reellen anzuerkennen und unser jeweiliges Mißbehagen mit dem Endlichen durch die Erhebung ins Unendliche zu beschwichtigen" – und schließlich zu überwinden.

TOD UND UNSTERBLICHKEIT

Ja, ich fange an zu glauben, daß sogar das künftige Schicksal des menschlichen Geistes im dunklen Orakel der körperlichen Schöpfung vorher verkündigt liegt. Jeder kommende Frühling, der die Sprößlinge der Pflanzen aus dem Schoß der Erde treibt, gibt mir Erläuterung über das bange Rätsel des Todes und widerlegt meine ängstliche Besorgnis eines ewigen Schlafs. Die Schwalbe, die wir im Winter erstarret finden und im Lenze wieder aufleben sehen, die tote Raupe, die sich, als Schmetterling neu verjüngt, in die Luft erhebt, reichen uns ein treffendes Sinnbild unserer Unsterblichkeit.

Zu den ersten Erkenntnissen, zu denen die Innewerdung der Gleichnishaftigkeit aller Erscheinungen führt, gehört die, daß der Tod kein *Ender,* sondern ein *Wender* ist – ein gleich der Geburt unbewußt durchschrittenes Tor von Leben zu Leben.

Schiller nennt als Sinnbild des aus dem Tode sich erhebenden neuen Lebens den Schmetterling, der sich der sterbenden Raupe entschwingt: gleichermaßen verläßt die Menschenseele den dahinschwindenden Körper, um sich unter anderen raumzeitlichen Verhältnissen zu neuem Leben und Wirken einzukörpern und das nur unterbrochene Werk fortschreitender Selbstverwirklichung unter anderen, günstigeren Bedingungen fortzusetzen.

Der Mensch ist als lebendiges Wesen nicht vom Organismus und Dynamismus des Ganzen zu trennen. Das Schicksal des Ganzen ist auch sein Schicksal und das seine das des Ganzen.

Alles, was ist, erweist sich als Offenbarung unendlichen göttlichen Lebens. Alles Geschehen in der Schöpfung wird dem Erkennenden zum Gleichnis und Sinnbild des Weges des Menschen:

Wie im Reiche der Natur aus jedem Vergehen neues Leben erblüht, wie im All Sonnen erlöschen und neu erstehen, so ist auch im

Menschenreich ein ewiges Kommen und Gehen. Doch nichts vergeht: nur die Formen wechseln, nicht die Wesen, die immer dieselben sind. Denn allem Leben ist das Leben gewiß. Was einmal da ist und wirkt, kann nie mehr aus dem Kreislauf des Lebens herausfallen.

Wir leben heute, weil wir vorher gestorben waren. Und dieser Wechsel und Wandel wiederholt sich, solange Daseinsdurst und Selbstvollendungsstreben uns zum Leben und Wirken treiben – sei es auf diesem Planeten oder auf einer der Trillionen anderen Lebenswelten im All...

Wie Schiller bejahte auch *Goethe* die ewige Wiederkehr alles Lebendigen: er empfand es als notwendig und gut, daß der Mensch sterbe, „um die Eindrücke auszulöschen und gebadet wieder zu kommen". Ähnlich sah auch *Plotin* im Tode den Übergang zu neuer Wesensentfaltung:

Wenn wir Wesen sterben sehen, so ist es, „wie wenn auf der Bühne der ermordete Schauspieler seine Kleider wechselt und in einer neuen Maske wieder auftritt – also in Wahrheit nicht gestorben ist".

So ist das, was wir ‚Tod' nennen, in Wahrheit nur der Moment des Übertritts aus einer Daseinsform in eine neue, andere – ein Kleider- und Wohnungswechsel. Er gleicht dem Tiefpunkt am kreisenden Rade des Lebens, von dem an es erneut aufwärtsgeht zu neuem Sein und Wirken.

Diese Erkenntnis der Unberührbarkeit des innersten Wesenskerns durch Tod und Wechsel ließ den jungen Schiller in seiner Abhandlung „Über den Zusammenhang der tierischen Natur des Menschen mit seiner geistigen" zu dem Ergebnis kommen, daß „der Tod aus dem Leben sich wie aus einem Keim entwickelt" – und umgekehrt. Beide bilden – im Lichte der Ewigkeit gesehen – eine *Einheit*, einen geschlossenen Ring als Teilstück einer unendlichen Spirale. Tod und Geburt sind gleich not-wendend:

"Die Materie zerfällt in ihre letzten Elemente, die nun in anderen Formen und Verhältnissen durch die Reiche der Natur wandern, anderen Absichten zu dienen. Die Seele – oder das ‚intelligible Selbst', wie Schiller es andernorts nennt – fährt fort, in anderen Kreisen ihre Denkkraft zu üben und das Universum von anderen Seiten zu beschauen... Man kann freilich sagen, daß sie diese Sphäre (irdischer Existenz) noch nicht im geringsten erschöpft hat, daß sie diese vollkommener hätte verlassen können; aber weiß man denn, daß diese Sphäre für uns verloren ist? Wir legen jetzt manches Buch weg, das wir nicht verstehen, aber vielleicht verstehen wir es in einigen Jahren besser."

Wie andere große Geister der Menschheit fand auch Schiller in sich das Ahnen einer endlosen Kette von Wiedergeburten des inneren Selbstes als des Weges der Psyche durch ungezählte Formen und Leben – Erkenntnisstufen – zu ihrer wahren Heimat in den Reichen ewigen Lichts – – zum Teil in immer wiederholter Gemeinschaft mit verwandten Wesen, wie tausendfache Rückerinnerungen deutlich machen und wie auch Schiller es empfand: „... Ewig mir verbunden warst Du in Äonen, die entschwunden..."

ÜBERALL LEBEN!

Wie merkwürdig wird mir nun alles! – Jetzt, Raphael, ist alles bevölkert um mich. Es gibt für mich keine Einöde in der ganzen Natur mehr. Wo ich einen Körper entdecke, da ahne ich einen Geist – wo ich Bewegung merke, da rate ich auf einen Gedanken.

„Wo kein Toter begraben liegt, wo kein Auferstehen sein wird", redet ja noch die Allmacht durch ihre Werke zu mir, und so verstehe ich die Lehre von einer Allgegenwart Gottes.

Wenn allem Leben das Leben gewiß ist, wenn der Tod nur die Pforte zu neuem Dasein und Wirken ist, gibt es keine Stätte im All, an der nicht der Geist des Lebens sich durch die schöpferischen Gedanken seiner Kinder, der lebendigen Wesen, fortschreitend und höherführend auswirkt.

In allem, was ist und geschieht, sieht Schiller die göttliche Kraft und Weisheit am Werk – durch die denkenden Wesen als Kraftfelder und Träger kosmischer Geist-Energie, die von innen her planvoll höhergeleitet werden.

Aus der Erkenntnis, daß alles, was ist, Selbstoffenbarung des Göttlichen ist, daß nichts ist, was nicht göttlichen Wesens wäre, erfließt die der Todlosigkeit allen Seins und Lebens: durch alles Lebendige pulst in ewigem Rhythmus der unendliche Strom göttlicher Kraft, alles Sein atmet göttliches Leben, das Offenbarung der All-Liebe ist.

Mit dieser geistigen All-Einheits-Erkenntnis trat Schiller in bewußten Gegensatz zu jenem *Materialismus* in Gesinnung und Lebenshaltung, der den Menschen seit je eine Unsumme von Leid und Not brachte, ihnen den Glauben an den innenwohnenden Flammengeist trübte und raubte und sie müde und hoffnungsarm machte.

Die ebenso lockende wie giftige Frucht des Materialismus ist der *Egoismus* mit seinen leidverhaftenden Folgen: Habgier und Neid, Du-Blindheit und Streitsucht, Bestialismus und Krieg mit all ihren Greueln und Unmenschlichkeiten . . .

. . . Erst in unseren Tagen – im Aufgang des neuen, kosmischen Zeitalters – erwacht die Menschheit allmählich zur Erkenntnis ihrer Irrfahrt und ihrer Wirklichkeitsblindheit als Ursache ihrer inneren Zerrissenheit und Uneinheit, Leere und Not . . .

. . . Immer mehr Menschen öffnen ihr Innerstes den aus der Zukunft heranbrausenden Wogen des Lichts der Erkenntnis und jener Bewußtseinsweitung in kosmische Dimensionen, die die innere Stagnation und Erstarrung, Uneinheit und Einsamkeit sprengen und bewirken, daß der Geist des Lebens und der Liebe ihre Seelen erneuernd durchlichtet und ihnen die Augen öffnet für die innere Einheit allen Lebens.

Die anderen Wesen – Menschen, Tiere und Pflanzen – sind ihnen dann keine Fremden mehr: sie ahnen das gemeinsame *Eine* in allen, sie erkennen alle Wesen als göttliche Lichtfunken gleich dem eigenen Selbst und grüßen sie erwachten Geistes und liebenden Herzens als Brüder und Begleiter auf dem gemeinsamen Weltenwege unendlich fortschreitenden Schöpfungs- und Selbstvollendungswirkens – aufwärts zu den wesenhaften Lichtreichen des Göttlichen.

II. IDEE

VOLLKOMMENHEIT ALS ZIEL

Alle Geister werden angezogen von Vollkommenheit. Alle – es gibt hier Verirrungen, aber keine einzige Ausnahme – alle streben nach dem Zustand der höchsten freien Äußerung ihrer Kräfte, alle besitzen den gemeinschaftlichen Trieb, ihre Tätigkeit auszudehnen, alles an sich zu ziehen, in sich zu sammeln, sich eigen zu machen, was sie als gut, als vortrefflich, als reizend erkennen. Anschauung des Schönen, des Wahren, des Vortrefflichen ist augenblickliche Besitznehmung dieser Eigenschaften.

Wirklichkeitszugewandte Selbst-Besinnung führt zu der Einsicht, daß alles Lebendige dem auf eine steuernde kosmische Macht hinweisenden ‚Zug nach oben‘, nach schöpferischer Selbstauswirkung und ständigem Größer-, Reicher- und Vollkommenerwerden folgt – einerlei, ob es dessen bewußt ist oder nicht.

Und da alles Leben im Innersten verwandt und *eins* ist, führt die ständige Zunahme des Potentials der einzelnen Wesenskraftfelder zu immer beglückenderem Zusammenschwingen und Zusammenwirken der sie durchpulsenden und verbindenden kosmisch-göttlichen Kräfte – bis sich alles Einzelstreben zum gemeinsamen Allstreben eint mit dem Ziel fortschreitend lebendigerer Gottunmittelbarkeit oder Einheit mit dem Einen.

So erklärt sich das allen Wesen gleichermaßen innewohnende Verlangen nach Glück, ihr unstillbares Sehnen nach Harmonie und Einheit, ihr „Angezogenwerden von Vollkommenheit".

Es ist ein kosmodynamisches Gesetz, daß alles ernsthaft Ersehnte und beharrlich Erstrebte Eigenschaft und Eigentum der

Seele wird, daß jedes Wesen das, was es *denkt* und gläubig handelnd bejaht, schließlich *wird* und *schafft*.

Durch die Sinne – sagt *Schiller* – werden die äußeren Vorgänge „zu inneren", und durch das Denken die inneren zu äußeren. Denn Denken heißt bewegen: „Vorstellung ist nichts anderes als eine Veränderung der Seele, die der Weltveränderung gleicht... Ich *bin* also in dem Augenblick ganz das selbe, was ich mir vorstelle."

Auf die gleiche Erkenntnis zielt Schillers Wort, daß „Anschauung des Schönen, des Wahren, des Vortrefflichen" als dynamische innere Vergegenwärtigung, Vergegenständlichung, also Gestaltung und Bildung, „augenblickliche Besitznehmung dieser Eigenschaften ist."

Das ist so, weil *jede Idee eine potentielle Realität ist*, weil jedem Gedanken – als Kraftfeld – das Bestreben und Vermögen innewohnt, sich zu verdinglichen, weil uns als ‚denkenden Wesen' die Fähigkeit gegeben ist, das innerlich Gedachte, Vorgestellte und durch Bejahung geistig Vorbegildete auch äußerlich zu verwirklichen.

In uns ist das Feuer und die Kraft, das, was wir von der inneren Glut ergreifen lassen, umzuschmelzen und umzuformen, das Vermögen, aus den Niederungen der Nichterkenntnis und Not in dem Grade zu den lichten Gipfeln der Seins-Bewußtseins-Seligkeit und Vollkommenheit aufzusteigen, wie wir der Geistigkeit, kosmischen Größe und All-Einheit unseres innersten Wesens bewußt und gewiß werden.

DENKEN HEISST SCHAFFEN

Welchen Zustand wir wahrnehmen, in diesen treten wir selbst. In dem Augenblicke, wo wir sie uns denken, sind wir Eigentümer einer Tugend, Urheber einer Handlung, Erfinder einer Wahrheit, Inhaber einer Glückseligkeit. Wir selber werden das empfundene Objekt.

Verwirre mich hier durch kein zweideutiges Lächeln, mein Raphael – diese Voraussetzung ist der Grund, worauf ich alles folgende gründe, und einig müssen wir uns sein, ehe ich Mut habe, meinen Bau zu vollenden.

In drei Sätzen umreißt *Schiller* das fundamentale Gesetz der Ideenverwirklichung, das die dynamische Psychologie in seinen praktischen Auswirkungen im einzelnen verdeutlicht: *Denken ist Schauen und Schaffen in einem*, schöpferisches Wirken und Verwirklichen.

Schon *Plotin* gab dieser Einsicht Ausdruck: Denken ist Bewegen (Enneaden V): hinter jeder Bewegung steht als Ursacher ein denkendes Wesen. Denken ist nicht nur ein logisch-mechanischer, sondern ein dynamischer Prozeß: denken heißt: von innen her aktualisieren, demonstrieren, realisieren, materialisieren.

Wir ziehen, was wir innerlich wahrnehmen und bejahen, aus der geistigen in die physische Wirklichkeit. Wir rufen durch unsere Gedanken die Bedingungen hervor, die den inneren Bildern entsprechen, weil aus den primären Psychoschaltungen die sekundären Leibes-, Lebens- und Schicksalsschaltungen hervorgehen.

Wenn Schiller von „*wahrnehmen*" spricht, versteht er das Wort in seinem ursprünglichen Sinne – nicht als bloßes Sehen, sondern als *schöpferisches Schauen*. Wenn wir etwas bewußt wahrnehmen, gestalten wir im Innern ein geistiges Bild des Betrachteten – aber nicht nur als lebendiges Spiegelbild, sondern als geistige Matrize, als bestimmende Voraus-Setzung schöpferischer Gestaltung nach außen hin.

Noch tiefer gesehen, ist wahrnehmen ein Akt der Verschmelzung, der liebenden Einswerdung, in dem „wir selber das empfundene Objekt werden".

Eben weil das Denken für Schiller kein nur mechanischer Erkenntnisakt des Begreifens, Schließens und Urteilens ist, sondern ein geistdynamischer, schöpferischer Vorgang, spricht er in seiner „Philosophie der Physiologie" von einem *Denk-Organ*, „aber nicht, als ob ich das Denken als eine Folge des Mechanismus betrachte", sondern als *Verdinglichungs-Werkzeug des Geistes*, der durch seine Denkimpulse feinste psycho-atomare Kettenreaktionen auslöst, Idealitäten in Realitäten transmutiert und damit zugleich eine fortschreitende Durchlichtung und Vergeistigung der physischen Welt bewirkt...

Und eben weil, wie Schiller erkannte, „der *Geist* es ist, der sich den Körper baut", wird und schafft jeder das, was er denkt. Richten wir unser Denken und Fühlen voll bewußt auf einen bestimmten Zustand oder ein Ideal, verwirklichen wir diese zunächst in unserm Innern. Das ‚empfundene Objekt' geht in unser Sein und Wesen über; wir werden es selbst.

Die Psychodynamik bezeichnet diesen Prozeß als Realisation. In den meisten Menschen läuft er allerdings, zu ihrem Nachteil, noch weithin unbewußt ab, wenn sich auch jeder diesen Ablauf der Gedankenverwirklichung vergegenwärtigen kann, wofür Schiller Beispiele gibt:

„*War eine Empfindung (die das ganze Seelenwesen einnimmt) angenehm, so werden alle Teile des Körpers (als des Instruments der Seele) einen höheren Grad harmonischer Tätigkeit haben, das Herz wird frei, lebhaft und gleichmäßig schlagen, das Blut wird ungehemmt, mild oder feurig-rasch, je nachdem der Affekt von sanfter* oder heftiger Art ist, durch die Kanäle fließen ... Darum ist der Zustand der größten augenblicklichen Seelenlust augenblicklich auch der Zustand des größten körperlichen Wohls ...

Dies bestätigen am augenscheinlichsten die Beispiele der Kranken, die die Freude kuriert hat. Man bringe einen, den das Heimweh bis zum Skelett verdorren gemacht hat, in sein Vaterland zurück, er wird sich in blühender Gesundheit verjüngen. Man trete in die Gefangenenhäuser, wo Unglückliche seit zehn und zwanzig Jahren im faulen Dampfe ihres Unrats wie begraben liegen und kaum noch Kraft finden, von der Stelle zu gehen, und verkünde ihnen auf einmal Erlösung. Dies einzige Wort wird jugendliche Kraft durch ihre Adern gießen, die erstorbenen Augen werden leben und Feuer funkeln ... Wahr ist es, daß die Freude das Nervensystem in lebhaftere Wirksamkeit setzen kann als die Herzstärkungen, die man aus Apotheken holen kann."

Aber auch die *negativen*, üblen Wirkungen des Zorns oder Hasses, des Neides, der Furcht oder des Grams stellt Schiller im gleichen Zusammenhang heraus: in der bereits auf der Karlsschule entstandenen Abhandlung „Über den Zusammenhang der tierischen Natur des Menschen mit seiner geistigen", wo er am Schluß des nämlichen Abschnitts die Frage aufwirft:

„Ist also nicht derjenige, der mit der bösen Laune geplagt ist und aus allen Situationen des Lebens Gift und Galle zieht, ist nicht der Lasterhafte, der in stetem Haß lebt, der Neidische, den jede Vollkommenheit seiner Mitmenschen martert – sind nicht alle diese die größten Feinde der Gesundheit?"

Für den, der diese Gedanken zu Ende denkt, ergibt sich aus der Erkenntnis des ursächlichen Zusammenhangs von Denken und Sein, von Gesinntheit und Gesundheit, von Ideal und Leben die der

Notwendigkeit *rechten Denkens,* damit nur jene Vorstellungen und Empfindungen sich in Leib und Leben realisieren, deren Verwirklichung uns reicher und besser, größer und vollkommener macht und uns der Einheit mit dem Geist des Lebens und der Liebe näherbringt.

ALLES GROSSE IST IN UNS

Etwas Ähnliches sagt einem jeden schon das innere Gefühl. Wenn wir zum Beispiel eine Handlung der Großmut, der Tapferkeit, der Klugheit bewundern, regt sich da nicht ein geheimes Bewußtsein, daß wir fähig wären, ein Gleiches zu tun? Verrät nicht schon die hohe Röte, die bei Anhörung einer solchen Geschichte unsre Wangen färbt, daß unsere Bescheidenheit vor der Bewunderung zittert, daß wir über dem Lobe verlegen sind, welches uns diese Veredelung unseres Wesens erwerben muß?

Wenn wir die schöpferische Macht unserer Gedanken, Gefühle und Ideale erkannt haben, werden wir unsere Denk- und Strebensziele selbstvertrauend immer höher ansetzen. Wir ahnen oder wissen dann, daß einer inneren Kraft oder Fähigkeit bewußt werden und sie als Eigenschaft und Eigentum bejahen heißt, sie in Tätigkeit zu setzen.

Was immer wir an anderen bewundern, ist Hinweis auf das, was wir selbst in uns tragen und durch bejahendes Denken und Verhalten aus uns zu entfalten vermögen.

In Wahrheit ist alles Große und Erhabene, alle Vollkommenheit in uns angelegt und wartet nur darauf, daß wir sie in bejahendem Tätigsein aus uns hervorlocken und zum Wirken bringen.

Keine Tugend, Tüchtigkeit und Kraft, die wir nicht in uns zu aktivieren vermöchten! Wir sind – als Wesenskraftfelder – Träger kosmischer Potenzen. Wir haben einen Born unendlicher Vermögen in uns, den noch keiner ausgeschöpft hat. Alle genialen Fähigkeiten, alle Talente, die je in Menschen erwachten, sind in jedem von uns latent vorhanden und harren ihrer Sternstunde schöpferischer Entfaltung.

Wir spüren das, wenn wir in meditativer Selbst-Besinnung

schweigend und horchend in uns hineinschreiten und uns dem nähern, den wir unser innerstes Selbst, den Lenker und Gesetzgeber unseres Wesens und Lebens nennen. Je lebendiger wir unseres Einsseins mit ihm bewußt werden, desto deutlicher werden wir zugleich unseres kosmischen Einsseins mit dem All-Selbst, dem Einen, inne, und zwar, wie Plotin sagt, „eben durch das in uns, das dem Einen gleicht": durch unser göttliches Selbst, das ein Strahl von ihm ist.

Das „Bewundern einer Handlung" bedeutet also nicht nur, daß in uns gleiche Fähigkeiten oder ähnliche Möglichkeiten latent vorhanden sind, sondern darüber hinaus, daß bewundernde Bejahung bereits ‚Wahrnehmung' oder ‚Anschauung' im Sinne Schillers ist – jene Form schöpferischen Denkens, die die entsprechenden Wirksamkeiten und Wirklichkeiten in uns wachruft.

„Die hohe Röte, die dann unsere Wangen färbt", beweist, wie gewaltig schon beim bloßen Anschauen und inneren Vergegenwärtigen die schöpferischen Energien der Seele den Leibesorganismus durchpulsen und in ihm zu wirken beginnen, wie die gestaltende Seele bereits an der Realisierung des innerlich Angeschauten, an der *Einswerdung* mit ihm arbeitet, wie alles im Schauenden danach strebt, in Harmonie, in gleichen Rhythmus, in Gleich- und Einklang mit dem Angeschauten zu kommen und es im eigenen Wesen zu verwirklichen.

VORSTELLUNG WIRD WIRKLICHKEIT

Ja, unser Körper selbst stimmt sich in diesem Augenblick in die Gebärden des handelnden Menschen und zeigt offenbar, daß unsere Seele in diesen Zustand übergegangen. Wenn du zugegen warst, Raphael, wo eine große Begebenheit vor einer zahlreichen Versammlung erzählt wurde, sahst du es da dem Erzähler nicht an, wie er selbst auf den Weihrauch wartete, er selbst den Beifall aufzehrte, der seinem Helden geopfert wurde – und, wenn du der Erzähler warst, überraschtest du dein Herz niemals auf dieser glücklichen Täuschung?

Du hast Beispiele, Raphael, wie lebhaft ich sogar mit meinem Herzensfreund um die Vorlesung einer schönen Anekdote, eines vortrefflichen Gedichts mich zanken kann, und mein Herz hat mir's leis gestanden, daß es dir dann nur den Lorbeer mißgönnte, der von dem Schöpfer auf den Vorleser übergeht. Schnelles und inniges Kunstgefühl für die Tugend gilt darum allgemein für ein großes Talent zu der Tugend, wie man im Gegenteil kein Bedenken trägt, das Herz eines Mannes zu bezweifeln, dessen Kopf die moralische Schönheit schwer und langsam faßt.

Was Schiller – in Fortsetzung der Darlegung des dynamischen Formungs- und Realisationsstrebens der Gedanken – durch Beispiele erläutert, ist die Tatsache, daß alle Wandlungen in Leib und Leben geistbedingt sind, vorstellungs- und einstellungsgeboren.

Jeder Entwicklungsprozeß vollzieht sich, wie schon das Wort ‚Entwicklung' deutlich macht, von innen nach außen: sowie wir innerlich einen Zustand oder Umstand, Fortschritt oder Erfolg bejahen, im Geiste realisieren, gehen wir zuerst seelisch und schließlich körperlich und schicksalsmäßig in diese Zustandsform über, oder verbinden wir uns den entsprechenden Wesen, Dingen und Bedingungen.

Genau so nach der anderen Seite: In dem Moment, wo die Seele einen äußeren Vorgang oder fremden Zustand ‚wahrnimmt‘, verwirklicht sie das Angeschaute auch schon in sich. In ihr erklingen die gleichen Akkorde wie in dem inneren Wesen des Objekts ihrer Betrachtung, und danach folgt dann, langsamer, das leibliche Echo.

Der Grad der inneren Reife einer Seele und ihr Vermögen, Vorstellung in Wirklichkeit zu wandeln, ist um so höher, je leichter sie, wie Schiller sagt, „moralische Schönheit zu fassen", je schneller sie einen fremden Zustand zu ihrem eigenen zu machen und in sich zu erkennen vermag.

Zum Erkennen gehören zwei: der Erkenner und das Objekt des Erkennens. Wahre, volle Erkenntnis aber ist nur möglich durch Verbindung beider: durch die liebende *Hingabe* des Erkennenden an den Gegenstand des Erkennens, durch Versenkung seines inneren Wesens in das des zu Erkennenden, durch Verschmelzung und *Einswerdung* beider, woraus das einende Dritte erfließt: die *Erkenntnis*.

Das Geheimnis der Verschmelzung, Einung und Erkenntnis ist, wie Schiller im weiteren, im Kernstück der „Theosophie des Julius", darlegt, die *Liebe*:

Was man *liebend bejaht*, das wird und erkennt man in gleicher Weise, wie man durch Ichhingabe zur Selbsterkenntnis und Selbstverwirklichung gelangt.

Gleichermaßen nach der negativen Seite: was man *hassend verneint* und ablehnt, abwehrt, das zieht man – durch die Konzentration des gefühlsbetonten Denkens und Wollens darauf – herbei und verknüpft es, statt sich davon zu lösen, enger mit dem eigenen Wesen und Schicksal... Wer sich mit unfreundlichen, lieblosen, leidigen Gedanken erfüllt und sich ihnen hingibt, wird zum Spiegel und Strahlungsherd dieser Gedanken und für alles Gleichgestimmte magnetisch: er verbindet sich Umständen, die die Verstärkung und Verwirklichung der negativen Vorstellungen begünstigen.

Wer hingegen danach strebt, in *allem,* was er denkt und fühlt, will und tut, *ein liebend Bejahender zu sein,* wer nur Gutes und Schönes, Gesundheit, Kraft und Fülle Bejahendes denkt und empfindet und sich gleichen Impulsen von außen her freudig offenhält, der verbindet und verbündet sich mit den gleichen Kräften und Tendenzen in anderen Wesen wie im All und zieht entsprechend positive Schwingungen, Zufälle, Umstände, Wesen und Schicksale an.

Seine Liebe leitet ihn zum Erkennen der Wesen und Dinge im Lichte der Ewigkeit – und schließlich sieht er sie so, wie der Geist des Lebens selbst sie sah und wollte, als sie aus ihm emanierten . . .

AUF VOLLKOMMENHEIT ANGELEGT

Wende mir nicht ein, daß bei lebendiger Erkenntnis einer Vollkommenheit nicht selten das entgegenstehende Gebrechen sich finde, daß selbst den Bösewicht oft eine hohe Begeisterung für das Vortreffliche anwandele, selbst den Schwachen zuweilen ein Enthusiasmus hoher herkulischer Größe durchflamme ...

Ich bin überzeugt, daß in dem glücklichen Momente des Ideals der Künstler, der Philosoph und der Dichter die großen und guten Menschen wirklich sind, deren Bild sie entwerfen – aber diese Veredelung des Geistes ist bei vielen nur ein unnatürlicher Zustand, durch eine lebhaftere Wallung des Blutes, einen rascheren Schwung der Phantasie gewaltsam hervorgebracht, der aber auch deswegen so flüchtig wie jede andere Bezauberung dahinschwindet und das Herz der despotischen Willkür niedriger Leidenschaften desto ermatteter überliefert. Desto ermatteter, sage ich – denn eine allgemeine Erfahrung lehrt, daß der rückfällige Verbrecher immer der wütendere ist, daß die Renegaten der Tugend sich von dem lästigen Zwange der Reue in den Armen des Lasters nur desto süßer erholen.

Selbst der geistig noch Unerwachte spürt zuweilen, daß er, wie alles Lebendige, auf ständiges Wachstum, Größer-, Reicher- und Vollkommenerwerden angelegt ist. Aber er sinkt nur zu leicht in den Zustand der dann um so bitterer empfundenen scheinbaren Unzulänglichkeit zurück, weil er es nicht wagt, das als wahr Erkannte durch beharrliche Bejahung und selbstvertrauende Betätigung zu realisieren und so zu dem ersehnten höheren Zustand aufzusteigen.

Läßt er hingegen der mit der „Begeisterung für das Vortreffliche" in ihm aufblitzenden Erkenntnis der Vortrefflichkeit des eigenen inneren Wesens die entschlossene *Tat* folgen – und handelte er vorerst nur so, *als ob* er bereits der stärkere, größere, bessere, lichtere Mensch sei, der zu sein er sich sehnt –, dann beginnt bereits die Überwindung der Unzulänglichkeit durch die stufenweise Entfaltung der eigenen Anlage zur Vollkommenheit.

Dabei wird ein weiteres erkennbar: die Tatsache, der schon Plotin Ausdruck gab, daß „das Böse nur ein Mangel an Gutem ist" – Anzeiger eines innerlich angelegten, aber noch unentfalteten oder fehlgeschalteten Guten, einer positiven Kraft. Hier liegt der Grund dafür, daß sich alles Ungute letztlich, wie Goethe es im ‚Faust' ausdrückt, als ein Teil jener Kraft enthüllt, „die stets das Böse will und stets das Gute schafft", also, wenn auch über den Umweg des Leides, der Offenbarung und Entfaltung des Ewigen im Vergänglichen, des Göttlichen im Menschlichen dienen muß . . .

In jedem Wesen ist nicht nur das *Sehnen* nach dem Guten lebendig, sondern auch die *Kraft* zum Gut- und Vollkommenwerden vorhanden. Der Mensch ist, seinem innersten Wesen nach, gut, weil göttlich, mag er auch aus Nichterkenntnis in der Wahl seiner Mittel oft irren.

Er birgt in seinem Innern Ideale, deren Verwirklichung sein geheimes Verlangen gilt. Im einen glüht dies Verlangen stärker und leitet ihn bereits zu entsprechendem Handeln; in anderen ist der Drang zum Gutsein und Guttun noch kaum bewußt geworden. Dennoch geht alle Entwicklung dahin, daß am Ende auch die „Renegaten der Tugend", die Verleumder der Liebe ihre willigen Bekenner und Erfüller werden.

Tieferem Einblick enthüllt sich hinter dem leidvollen Auf und Ab des Daseins die allem Lebendigen innewohnende *Tendenz fortschreitender Vervollkommnung*, der „lebendige Trieb, aus einem beschränkten Zustand zu einem unendlichen überzugehen", wie Schiller sagt: der Zug nach oben, zur *Einheit.*

Goethe machte dies in „Wilhelm Meisters Lehrjahren" von einer anderen Seite her deutlich:

„Das Gewebe dieser Welt ist aus Notwendigkeit und Zufall gebildet; die Vernunft des Menschen stellt sich zwischen beide und weiß sie zu beherrschen: sie behandelt das Notwendige als den Grund ihres Daseins, das Zufällige weiß sie zu lenken, zu leiten und zu nützen; und nur, indem sie fest und unerschütterlich steht, verdient der Mensch, ein Gott der Erde genannt zu werden." –

Und was können wir tun, um unsere Anlage zur Vollkommenheit zu entfalten und die lichten Kräfte unseres Wesens in die rechten Bahnen zu lenken? Schiller weist auf den Weg dorthin:

„Suchst du das Höchste, das Größte?
Die Pflanze kann es dich lehren:
Was sie willenlos ist,
Sei du es *wollend* – das ist's."

Es genügt nicht, die innere Vollkommenheit nur zu ersehen oder hier und da zuversichtlich zu bejahen; man muß sie durch beständige entschlossene, willensbetonte Haltung des Geistes in Richtung auf das zu Verwirklichende immer aufs neue bewußt *betätigen*, willig demonstrieren.

Dann tritt das innerlich Bejahte aus der Latenz hervor und wird lebendig, und mit der fortschreitenden Demonstration und Realisation vollzieht sich eine anfangs unmerkliche Umwandlung von innen her und eine Erneuerung des Wesens und Lebens des Menschen: der eigentliche, höhere Mensch erwacht und übernimmt die Führung; aus dem sinnenhaften Ichmenschen erhebt sich wie ein Phoenix der allverbundene Geistmensch. Der erste Schritt auf dem Wege zu kosmischem Menschentum ist getan.

BEGINN DER VERWIRKLICHUNG

Ich wollte erweisen, mein Raphael, daß es unser eigener Zustand ist, wenn wir einen fremden empfinden, daß die Vollkommenheit auf den Augenblick unser wird, worin wir uns eine Vorstellung von ihr erwecken, daß unser Wohlgefallen an Wahrheit, Schönheit und Tugend sich endlich in das Bewußtsein eigner Veredelung, eigner Bereicherung auflöst – und ich glaube, ich habe es erwiesen.

Frohe Bejahung eines ersehnten vollkommeneren Zustandes ist der Beginn der Verwirklichung:

Was immer wir an anderen als groß und vorbildlich, als erhaben und vollendet empfinden und bewundern, macht uns, wenn wir selbstbesinnend einwärtsschauen, die in unserem Innern angelegten gleichartigen lichten Eigenschaften bewußt, die es durch mutig bejahendes eigenes Schaffen nach außen hin zu demonstrieren und zu realisieren gilt.

Eben weil jede bejahende Empfindung fremder Vollkommenheit praktisch Aktivierung gleicher Tendenzen im eigenen Wesen bedeutet, gilt es, den einmal angelaufenen Prozeß der Verwirklichung um so bewußter und entschiedener durch rechtes Verhalten und Handeln zu fördern und laufend zu intensivieren. So *werden* wir, was wir in uns sehen und aus uns machen.

Aus dieser Sicht werden die mannigfachen Erfolge autosuggestiver und konzentrativer Selbstbejahungen und die scheinbaren Wunder der Gebets-Erhörung wie die der geistigen Heilungen verständlich: es ist der schöpferische *Geist* im Menschen, der diese Verwirklichungen empfundener und bejahter vollkommenerer Zustände und Umstände den inneren Bildern gemäß herbeiführt.

Da dieses Verwirklichungsstreben im kleinen schon jedem *Gedanken* eigen ist, gilt es weiter, durch Gewöhnung an kraftbewußtes wie zielgerichtetes Denken in allen Lagen des Alltags und durch das Festhalten lebendiger positiver Gedankenbilder des zu Realisierenden das geistige Fundament zu legen für die entsprechenden Verwirklichungen in Leib und Leben.

Denkt zum Beispiel der Gekränkte oder Kranke beharrlich Harmonie, Liebe, Gesundheit, und fühlt er, wie sein Wohlbefinden der gläubigen Bejahung entsprechend zunimmt, dann leitet er damit die Verwirklichung des Ersehnten ein und demonstriert und realisiert sich selbst am Ende als innerlich geeinten, strahlend gesunden Menschen, in dem alle Kräfte so geschaltet sind, daß der normale Zustand des Wohlgefühls und Wohlergehens sich von selbst einstellt und erhalten bleibt.

Dies meint *Schiller*, wenn er von den „Resultaten des Denkens" sagt, sie seien Auswirkungen der „selbsttätigen Bildungskraft" der Seele. Daher sein Schluß: „Nichts, als was in uns selbst schon lebendige Tat ist, kann es außer uns werden."

Letztlich ist jeder Verwirklichungsprozeß Ausdruck und Folge des angeborenen Selbstverwirklichungsstrebens der Wesen. Im „Geisterseher" stellt Schiller dies von einer anderen Seite her klar, wenn er den wirkungsreichsten Menschen als den vortrefflichsten bezeichnet: „Alles, was im Menschen tätig ist, ist Tugend, das heißt: es ist *gut*."

Je bewußter und williger der Mensch diesem inneren Lichtstreben folgt und sich dem Maximum inneren Tätigseins nähert, je aktiver, dynamischer und produktiver er geistig wird, desto rascher nähert er sich dem nächsten Hochziel auf seinem Wege fortschreitender Vervollkommnung, desto sicherer gelangt er zur jeweils „höchsten Kundgebung seiner Existenz", d. h. zu jener optimalen Selbstverwirklichung, die, wie schon hier am Anfang deutlich wird, selbst wieder nur Vorläufer ist abermals höherer Vollendungsstufen, die zu den erreichbaren Gipfeln kosmischen Menschentums hinanführen.

DER MENSCH ALS SCHÖPFER

Wir haben Begriffe von der Weisheit des höchsten Wesens, von seiner Güte, von seiner Gerechtigkeit – aber keinen von seiner Allmacht. Seine Allmacht zu bezeichnen, helfen wir uns mit der stückweisen Vorstellung dreier Sukzessionen: Nichts, Sein Wille und Etwas. Es ist wüst und finster – Gott ruft: Licht – und es wird Licht. Hätten wir eine Realidee seiner wirkenden Allmacht, so wären wir Schöpfer wie Er.

Was der Allgeist im großen, ist der Menschengeist im kleinen. Die „wirkende Allmacht" des höchsten Wesens ist in seinen Kindern, den ‚denkenden Wesen', in geringerem Grade lebendig.

Weil der Mensch durch den Gottfunken im Seelengrund, sein innerstes Selbst, mit dem Allselbst eins ist, ist er Eigner der Allkraft des Ewigen, die aus ihm um so schöpferischer in Erscheinung tritt, je lebendiger er seiner Einheit mit dem Einen bewußt wird.

„Hätten wir eine Realidee seiner wirkenden Allmacht, so wären wir Schöpfer wie Er", sagt Schiller. Das heißt: Erst dann, wenn wir die göttliche Kraft in uns *realisieren*, ihrer lebendig gewiß wurden, gewahren wir, wie sie in uns aufflammt und uns zu höchsten Leistungen beflügelt, wie sie die Großen und Erleuchteten aller Zeiten und Völker, die sich von ihr inspirieren und leiten ließen, übermenschliche, unvergängliche Werke vollbringen ließ.

Schon die Erfahrung der *Gedankenverwirklichung* vermittelt eine Ahnung unseres Schöpfertums. Was immer wir dem unendlichen Geist des Lebens an Kräften zumessen, ist auch in uns latent vorhanden. Auch wir sind fähig, Finsternis in Licht zu verwandeln, unsere Willenspotenzen im Dienste der Ideal-Verwirklichung zu betätigen, also Etwas aus nichts zu schaffen ...

... Von eben diesem Willen sagt Schiller in den „Philosophischen Briefen" („Über das Erhabene"):

„Der Wille ist der Geschlechtscharakter des Menschen, und die Vernunft selbst ist nur die ewige Regel desselben. Vernünftig handelt die ganze Natur; sein Prärogativ (Vorrecht) ist bloß, daß er mit Bewußtsein und Willen vernünftig handelt. Alle anderen Dinge müssen; der Mensch ist das Wesen, welches will."

Eben in seinem bewußten, willensbetonten weisen Handeln offenbart sich sein Schöpfertum – damit aber auch seine uneingeschränkte Mitverantwortung für das Wohl alles Lebendigen und für den optimalen Fortgang der irdischen und im weiteren der kosmischen Evolution.

Wenn er es den Vorzug des Menschen gegenüber anderen noch nicht zu bewußter Selbstverwirklichung gelangten Mitgeschöpfen nennt und sagt, daß er durch sein Bewußt-Sein und Wollen sein Schöpfertum offenbare, meint Schiller nicht den erdgebundenen äußeren Menschen, sondern den allgeeinten *inneren Menschen* als Geistkraftfeld und Träger schöpferischer Potenzen der Gottheit.

Je lebendiger er sich der vor aller Zeit in ihm angelegten göttlich-kosmischen Anlagen und Bestimmungen, Aufgaben und Vermögen *bewußt* wird, desto weiter dehnt sich das Wirkfeld seines Wesens und desto Größeres wird er im Laufe seiner weiteren Selbstentfaltung realisieren und erreichen.

DER GEIST IST VOLLKOMMEN

Jede Vollkommenheit also, die ich wahrnehme, wird mein eigen; sie gibt mir Freude, weil sie mein eigen ist; ich begehre sie, weil ich mich selbst liebe.
Vollkommenheit in der Natur ist keine Eigenschaft der Materie, sondern der Geister. Alle Geister sind glücklich durch ihre Vollkommenheit. *Ich begehre das Glück aller Geister, weil ich mich selbst liebe.*

Der Mensch strebt nach Vollkommenheit, weil er sich tief innerlich zu ihr berufen und befähigt fühlt. Diese Berufung und Befähigung ist allen Wesen eigen, weil alle durch das Band des gleichen Einen Geistes wie Glieder einer Kette unlösbar miteinander verknüpft sind. Hier ist der Quellgrund ihres ständigen Aufstiegs und zunehmender Glückwürdigkeit und -fähigkeit.

Wiederum unterstreicht *Schiller* den Kern der geistigen All-Einheitslehre: immer und überall ist der *Geist* das Primäre. Er ist die bewegende und wirkende, verwandelnde und erlösende Kraft in allen Wesen wie im All. Er ist Ursacher der unendlichen Fülle der Natur, ihr unsichtbarer Gesetzgeber und ihr Führer zur Vollendung.

Plotin nannte den Geist die „von Urbeginn an wirkende Ursache". Wir sprechen heute von ihm als einem *Wesenskraftfeld* mit dem Vermögen, eine wachsende Fülle in ihm anlegter Wirkkräfte und schöpferischer Fähigkeiten zu aktivieren, den Rahmen der Natur zu sprengen, in fortschreitender Selbstoffenbarung immer größeres zu vollbringen und den Umkreis seiner Macht bis in kosmische Dimensionen zu erweitern.

Denn das *Selbst* als Träger dieses geistigen Wesenskraftfeldes ist potentielle Göttlichkeit. Der Gläubige *fühlt* es; der Mystiker, der den Weg zum Geist, zum Selbst und damit zum Allselbst geht, der Erleuchtete und Allgeeinte *weiß* es.

Aber was nützt alles Wissen und alle Gewißheit einzelner, wenn es nicht im Leben *aller* zur Entfaltung und Anwendung kommt, wenn es nicht allen Wesen hilft, den steilen Pfad zu bewußter Geistvollkommenheit zu erklimmen!

„Ich begehre das Glück *aller* Geister, weil ich mich selbst liebe": ich wünsche und strebe danach, daß in *allen* Wesen die latente Vollkommenheit in gleicher Weise wie in mir aktiviert wird, zu lebendiger Offenbarung gelangt. Ich werde darum nicht die Hände in den Schoß legen und mich mit der Bejahung begnügen, daß ich unter dem Schutz des Höchsten stehe und darum alles meinem Wohl und Fortschritt dienen müsse, sondern ich will und werde – als Kind des Ewigen und als Träger seiner Kraft – *allen* Bruderwesen helfen, ihre schlummernden kosmisch-göttlichen Anlagen zu erkennen und zu betätigen.

„Weil ich mich selbst liebe", wünsche und strebe ich, daß *alle* ihrer Geistmächtigkeit in wachsendem Maße innewerden und zu bewußten Mitschaffenden werden an der Durchlichtung der Welt und des Lebens und an der universell voranschreitenden Wider-Einswerdung mit dem Einen.

Jeder auf dieses Ideal und Ziel gerichtete Gedanke und jede Tat der Liebe bewirkt eine positive Erweiterung des eigenen Wesenskraftfeldes und seine Annäherung an das Urkraftfeld des Allselbstes. Sie sind unerläßliche Stufen auf dem Wege zu kosmischem Menschentum und zu immer beglückenderem Zusammenwirken mit den alldurchpulsenden Kräften der Harmonie und Liebe, der Fülle und Glückseligkeit. Denn, wie *Schiller* es in der „Philosophie der Physiologie" zusammenfaßt:

„Der Mensch ist da, um glücklich zu sein.
Ich kann auch sagen: er ist da, um vollkommen zu sein.
Nur dann ist er vollkommen, wenn er glücklich ist.
Und nur dann ist er glücklich, wenn er vollkommen ist."

GLÜCKSELIGKEIT ALS BESTIMMUNG

Die Glückseligkeit, die ich mir vorstelle, wird meine *Glückseligkeit; also liegt mir daran, diese Vorstellungen zu erwecken, zu vervielfältigen, zu erhöhen, – also liegt mir daran, Glückseligkeit um mich her zu verbreiten. Welche Schönheit, welche Vortrefflichkeit, welchen Genuß ich außer mir hervorbringe, bringe ich in mir hervor; welche ich vernachlässige, zerstöre, zerstöre ich in mir, vernachlässige ich in mir.*

Ich begehre fremde Glückseligkeit, weil ich meine eigene begehre. Begierde nach fremder Glückseligkeit nennen wir Wohlwollen, Liebe.

Schiller bejaht Glückseligkeit als Bestimmung und Ziel jedes Wesens. Sie ist Frucht gläubiger Bejahung und liebender Betätigung der Umwelt gegenüber gemäß dem Wort, daß glücklich machen glücklich macht.

Auch hier kommt es auf die rechte Anwendung dieser Erkenntnis im täglichen Leben an, da nur so ihr Licht den Alltag erhellt, ihr Wert und Segen hervortritt und offenbar wird, wie aus rechtem Denken und Handeln rechtes, kosmisch-harmonisches Leben erfließt.

Was heißt ‚*Harmonie*'? Es meint nicht nur rechte Verbindung, Übereinstimmung, Einstimmigkeit aller Kräfte im Innern und damit gesundes Gleichmaß und Wohlergehen der Leibseele-Einheit, sondern ebenso die geistige Einheit mit dem Nächsten und Fernsten und, im letzten, Einklang mit den schöpferischen Kräften des Ewigen, also *kosmische Einheit* des innersten Selbstes mit dem All-Selbst, lebendige *All-Einheit*.

Harmonisches Denken ist somit ein Denken, das in jedem Augenblick der Gegenwart der spirituellen Energien kosmischer Natur im Innern des Menschen gewärtig ist – ein Denken, das das eigene Wesen in Gleichklang weiß mit den Bruderwesen in allen Lebensbereichen und auf allen Welten.

Ziel allen inneren Wachstums und Erwachens durch die Übung der Stille, des Schweigens, der Sammlung, Meditation und Kontemplation ist es, diese kosmischen Potenzen im Menschen zu wecken und mit ihrer Hilfe den Flammengeist im Seelengrund, den inneren Genius, den Gottesfunken des Selbstes, zu immer hellerem Erstrahlen zu bringen.

Dann wird ersichtlich, wie wahr Schillers Wort – im Musenalmanach von 1796 – ist:

„Mit dem Genius steht die Natur in ewigem Bunde;
Was der eine verspricht, leistet die andere gewiß",
weil beide im Grunde *eines* sind.

„Ich begehre fremde Glückseligkeit, weil ich meine eigene begehre", bekennt Schiller. Mit anderen Worten:

Je mehr Glück ich gebe, ohne etwas zu erwarten, desto mehr Glück zieht in mein Leben ein. Wahre Glückseligkeit ist jene, die ich anderen bereite; tausendfältig kehrt sie zu mir zurück. Bin ich glücklich, strahle ich Licht und Leben aus, schenke ich der Welt von meinem Glück, mehre ich das Glück der Welt. Solch Glück ist unvergänglich; flüchtig jedoch jedes ‚Glück', das ich anderen raube, um es allein zu besitzen ...

Dem wahrhaft Glücklichen wird alles, was ist, zum schöpferischen Spiegel, zum lebendigen Echo eigenen Glücks. Wenn er liebt, liebt Gott in ihm und durch ihn, liebt Gott durch ihn sich selbst in dem Angeschauten. So führt die *Liebe* zur Verwirklichung echter Glückseligkeit im Allstrom der Einheit.

Die Leistungsmöglichkeiten unseres Gehirns werden nach wissenschaftlichen Angaben nur zu 10-15% genutzt. Schöpferische Anlagen unseres Geistes werden daher nur beschränkt genutzt.
Durch die Anleitungen K. O. Schmidts lernen wir, wie wir
- unser Gedächtnis stärken,
- schöpferisches Leistungsvermögen aktivieren,
- schlummernde Talente entfalten,
- die Intelligenz steigern,
- den „Genius" in uns wecken und
- Inspirationen auslösen können.

Insgesamt verhilft uns dieses Buch zu innerer Stabilisierung und zu zielbewußter und erfolgreicher Lebensgestaltung.
216 Seiten, kart., DM 19,--

Dynamismus (gr.) ist gleichbedeutend mit der philosophischen Lehre, nach der alles Geschehen auf die Wirksamkeit von Kräften zurückgeführt wird. **Erfolg,** heute schon fast ein magisches Schlüsselwort, wird von jedem in der einen oder anderen Form angestrebt. Erfolg wird von „erfolgen" also vom Tun abgeleitet. Demzufolge ist **Erfolgsdynamik,** die Schmidt hier beschreibt, eine Anleitung zu erfolgreicher Lebensgestaltung auf philosophischer Basis. Erfolg ist hier universal zu verstehen: Der Mensch, durch den die Kräfte, das **schöpferische Potential** geleitet werden.
256 Seiten, kart., DM 20,--

Vorliegendes Werk von K. O. Schmidt geht von der schöpferischen Kraft, sowohl des positiv wie auch negativ ausgerichteten Denkens aus.
Ausführlich behandelt Schmidt die **Psychologie des Willens,** die den Schwerpunkt seiner Ausführung bildet.
Nach seinen Worten ist derjenige willensstark, der es am ehesten schafft, sein schöpferisches Potential durchzusetzen, indem er die negativen Kräfte ausschaltet, die sich ihm in den Weg stellen.
232 Seiten, kart., DM 20,--

Absender:

Name, Vorname

Straße

PLZ/Ort

Hiermit bestelle ich folgende Bücher von K. O. Schmidt

___ Du bist begabter als Du ahnst	DM 19,—
___ Erfolgsdynamik	DM 20,—
___ Wunder der Willenskraft	DM 20,—
___ Stück K. O. Schmidt-Verzeichnis	DM —,—

Datum / Unterschrift   Preisänderungen vorbehalten

Antwortkarte

DREI EICHEN VERLAG
Etzstraße 43 a

D-8300 Ergolding

Bitte ausreichend frankieren

III. LIEBE

LIEBE – OFFENBARUNG DER URKRAFT

Jetzt, bester Raphael, lasse mich herumschauen. Die Höhe ist erstiegen, der Nebel ist gefallen; wie in einer blühenden Landschaft stehe ich mitten im Unermeßlichen. Ein reineres Sonnenlicht hat alle meine Begriffe geläutert.
Liebe also – das schönste Phänomen in der beseelten Schöpfung, der allmächtige Magnet in der Geisterwelt, die Quelle der Andacht und der erhabensten Tugend – Liebe ist nur der Widerschein dieser einzigen Urkraft, eine Anziehung des Vortrefflichen, gegründet auf einen augenblicklichen Tausch der Persönlichkeit, eine Verwechslung der Wesen.

Ihre Vollendung erfährt die allen Wesen eigene Kraft der Gedanken- und Willens-Realisierung in der *Liebe*, der höchsten Offenbarungsform der Urkraft. Sie ist „der allmächtige Magnet in der Geisterwelt" und wirkt durch diese auf die physische Welt. Sie ist der Inspirator der schöpferischen Selbstverwirklichung der Wesen, die sie für alles Gute, Große, Schöne, Erhabene, Beglückende und Vollkommene anziehend und aufgeschlossen macht. In ihr äußert sich spürbar der *Geist der Einheit*.

In seiner „Phantasie an Laura" (1782) gibt Schiller dieser Erkenntnis poetischen Ausdruck:

> *„Meine Laura, nenne mir den Wirbel,*
> *Der am Körper mächtig reißt,*
> *Nenne, meine Laura, mir den Zauber,*
> *Der zum Geist monarchisch zwingt den Geist.*

*Sieh'! Er lehrt die schwebenden Planeten
Ew'gen Ringgangs um die Sonne fliehn
Und, gleich Kindern um die Mutter hüpfend
Bunte Zirkel um die Fürstin ziehn . . .*

*Gleich allmächtig wie dort in der toten
Schöpfung ew'gem Federtrieb
Herrscht im arachneischen Gewebe
Der empfindenden Natur die* Lieb'."

Liebe ist mehr als nur ‚Anziehung des Vortrefflichen'; sie ist Austausch, Verschmelzung und *Einung*. In seiner unvollendeten „Philosophie der Physiologie" wiederholt Schiller fast wörtlich den gleichen Gedanken:

„*Liebe, der schönste, edelste Trieb in der menschlichen Seele, die große Kette der empfindenden Natur, ist nichts anderes als die Verwechslung (Austausch und Verschmelzung) meiner selbst mit dem Wesen des Nebenmenschen. Und diese ist Wohllust. Liebe macht seine Lust zu meiner Lust, seinen Schmerz zu meinem Schmerz.*"

Als Urkraft aller Kräfte ist die Liebe das Tor zu den Reichen des Lichts und zugleich der Schlüssel zu diesem Tor. Sie ist jene Macht, die nicht nur den Liebenden mit dem Geliebten zusammenführt und verbindet, sondern zugleich beider Einssein zur Harmonie mit dem Unendlichen erhöht, in deren Lichtglut alles Vergängliche sich löst und – wenn auch vielleicht nur für einen Augenblick höchster Seligkeit – spürbar wird, daß *Gott* und *Liebe* zwei Aspekte der gleichen Weltengottheit, des EINEN, sind.

REICHER WERDEN DURCH LIEBE

Wenn ich hasse, so nehme ich mir etwas; wenn ich liebe, so werde ich um das reicher, was ich liebe. Verzeihung ist das Wiederfinden eines veräußerten Eigentums – Menschenhaß ein verlängerter Selbstmord; Egoismus die höchste Armut eines erschaffenen Wesens.

Reicher werden durch Liebe! – das ist der Imperativ des Lebens, dessen weise Befolgung zu fortschreitender Vollkommenheit und im letzten zur All-Einheit führt.

Wir wachsen um das, was wir bejahen und lieben, wie wir um das ärmer werden, was wir verneinen, ablehnen und hassen.

Wie der *Egoismus* Ausdruck innerer Armut aus Unerwachtheit ist und das Glücklichsein infolge der inneren Uneinheit verunmöglicht, so ist der *Altruismus* Äußerung inneren Reichseins und des Gewißseins des Einsseins – mit der Folge, daß alles, was liebend bejaht oder freudig schaffend hingegeben wird, mannigfach beglückend zurückkehrt. –

„Der bloß niedergeworfene Feind kann wieder aufstehen, aber der *versöhnte* ist wahrhaft überwunden", sagt Schiller. „Wer *hat*" – wer *Liebe* hat und durch sich wirken läßt –, dem wird Liebe, Freundschaft, Beglückung in Fülle *gegeben*; „wer nicht hat, dem wird alles genommen werden", spricht ein zeitloses Wahrwort von der Liebe, während ihr negativer Gegenpol, der Haß, von Goethe mit Recht als lastend-lästige Bürde bezeichnet wird: „Er senkt das Herz tief in die Brust hinab und legt sich wie ein Grabstein schwer auf alle Freuden."

Zwar ist auch Haß *Inter-esse*, das heißt, ein Innensein in dem Objekt des Hasses – aber als *negative Liebe* macht er den Menschen leidiger und ärmer an Licht, Leben und Glück, weil ichhafter und gottferner.

Darum weist Rückert den zur Liebe Unbereiten nach *innen*, zum Wesentlichen:

„Zieh deine Ichheit aus und an die Göttlichkeit!
Die Ichheit ist so eng, die Göttlichkeit so weit.
Sei selbst! Er selber will, daß Selbst du sollest sein,
Daß du erkennest selbst: *Er* sei dein Selbst allein.
Wenn du Ihn hören willst in dir, mußt du nur schweigen,
Dann spricht er laut: Du warst, sollst sein und bist mein Eigen."

WESENS-EINUNG DURCH LIEBE

Als Raphael sich meiner letzten Umarmung entwand, da zerriß meine Seele, und ich weinte um den Verlust meiner schöneren Hälfte. An jenem seligen Abend, da unsere Seelen sich zum ersten Male feurig berührten, wurden alle deine großen Empfindungen mein, machte ich nur mein ewiges Eigentumsrecht auf deine Vortrefflichkeit geltend – stolzer darauf, dich zu lieben, als von dir geliebt zu sein, denn das erste hatte mich zu Raphael gemacht.

Die Liebe ist die Kraft, die uns die *geistige Einheit* allen Lebens und Seins – hier auf Erden und gleichermaßen auf allen Welten des Alls – bewußtmacht. Sie zielt immer auf das Einende, das Gemeinsame, Unfassendere, Größere, Höhere: auf das hinter und in allem wirkende Göttliche.

Darum wirkt jeder Impuls liebenden Einsseins auf alles noch Gespaltene, Leidige, in seiner Entfaltung Gehemmte lösend, weshalb der Liebende immer auch der von innen her Freiere, Größere und Stärkere ist. Die Kraft der Liebe wandelt – wenn ohne Hinschielen auf die ersehnte Wirkung betätigt – Gegenmacht in Ohnmacht, Disharmonie in Harmonie, Feindschaft in Freundschaft, Haß in Duldsamkeit oder Wohlwollen, Widerstand in Beistand.

Wo Liebe zu ichfreier Hingabe wird, wo der Liebende durch Seelenverschmelzung und Wesenstausch mit dem Geliebten eins wird und zu gemeinsamer Selbsterfüllung gelangt, da wird jene größere Einheit Wirklichkeit, die Schiller im „Lied an die Freude" – jenem Widerhall glückseliger Erinnerungen an die Freundschaft mit dem damals gerade verheirateten Körner – als höchstes Ideal preist:
„Wem der große Wurf gelungen, eines Freundes Freund zu sein,
Wer ein holdes Weib errungen, mische seinen Jubel ein!

Ja – wer auch nur eine Seele sein nennt auf dem Erdenrund!
Und wer's nie gekonnt, der stehle weinend sich aus diesem Bund."

Doch noch siegesgewisser, noch sternenhafter und lichtbejahender wird diese Erkenntnis.

FREUNDSCHAFT – LIEBE – ALL-LIEBE

„War's nicht dies allmächtige Getriebe,
Das zum ewgen Jubelbund der Liebe
   Unsre Herzen aneinander zwang?
Raphael, an deinem Arm – o Wonne! –
Wag' auch ich zur großen Geistersonne
   Freudig den Vollendungsgang.

Glücklich! Glücklich! Dich hab ich gefunden,
Hab aus Millionen dich umwunden,
   Und aus Millionen mein bist *du!*
Laß das wilde Chaos wiederkehren,
Durcheinander die Atome stören,
   Ewig flieh'n sich unsere Herzen zu.

Muß ich nicht aus Deinen Flammenaugen
Meiner Wohllust Widerstrahlen saugen?
   Nur in dir bestaun' ich mich.
Schöner malt sich mir die Erde,
Heller spiegelt in des Freunds Gebärde,
   Reizender der Himmel sich.

Schwermut wirft die bangen Tränenlasten,
Süßer von des Leidens Sturm zu rasten,
   In der Liebe Busen ab.
Sucht nicht selbst das folternde Entzücken,
Raphael, in deinen Seelenblicken
   Ungeduldig ein wohllüstig Grab?

Stünd' im All der Schöpfung ich allein,
Seelen träumt' ich in die Felsensteine
Und umarmend küßt' ich sie.
Meine Klagen stöhnt ich in die Lüfte,
Freute mich, antworteten die Klüfte,
Tor genug, der süßen Sympathie."

Liebe findet nicht statt unter gleichtönenden Seelen, aber unter harmonischen. Mit Wohlgefallen erkenne ich meine Empfindungen wieder in dem Spiegel der deinigen, aber mit feuriger Sehnsucht verschlinge ich die höheren, die mir mangeln. *Eine* Regel leitet Freundschaft und Liebe ...

Hinter aller Freundschaft und Liebe steht als höhere Regel und lenkende Macht die *All-Liebe*. Früher oder später erwacht Liebenden das Bewußtsein, daß die Seelenverschmelzung in Freundschaft und Liebe Verbindung über den Tod hinaus bedeutet, daß sie der Formen bunten Wechsel überdauert, daß durch sie zwei harmonische Seelen zu gemeinsamen Pilgern werden auf dem Wege aus der endlosen Vielheit in die unendliche *Einheit*.

„Harmonische Seelen" sind Wesen, in denen die Verschiedenheit der dominierenden Kräfte und Tendenzen sich zu einem Akkord vereint, so daß aus dem Zusammenklang harmonisierender Schwingungen und Strahlungen Übereinstimmung und *Einklang* wird – eine höhere Einheit als seelische Vorahnung der *All-Einheit*.

Diese kosmische Einheit ist Ziel und Krönung der Liebe. *Gott*, sagt Eckartshausen, „ist die Seele der Seelen, ihre höchste Einheit – und nur jene Seelen leben wahrhaft, die dieser Einheit bewußt sind, die nicht nur untereinander, sondern – im Widerspiel der All-Liebe – sich zugleich mit der göttlichen Liebe zu vollendeten Akkorden runden ...

... In dem Schoße der Religion ruht das herrliche Pfand dieser göttlichen Liebe. Doch nur der, der in einsamen, stillen Stunden über Wesen und Wert der re-ligio, der Wiederverbindung und Einswerdung mit dem Göttlichen, nachsinnt, wird ihr himmlisches Gefühl seiner Seele eigen machen; und dann wird das Geschenk der Gottheit sein Wesen und Wollen auf das Hochziel der All-Einheit richten."

Tieferer Einsicht offenbart sich die Wahrheit, daß, wie *Schiller* sagt, in jeder Form der Hinneigung und des Zusammenstrebens die göttliche Liebe unsichtbar all-gegenwärtig ist:

"Begraben in des Wurmes Triebe,
Umschlungen von des Sinnes Lust,
Erkannet ihr in seiner Brust
Den edlen Keim der Geisterliebe."

Letztlich ist jede Freundschaft, jede Liebe als Gewißsein inneren Einklangs ein Abbild des Einsseins mit dem inneren Gott-Freund, mit dessen Innewerdung der Aufstieg zur All-Einheit beginnt.

GEIST DER EINHEIT

Es gibt Augenblicke im Leben, wo wir aufgelegt sind, jede Blume und jedes entlegene Gestirn, jeden Wurm und jeden geahnten höheren Geist an den Busen zu drücken – ein Umarmen der ganzen Natur, gleich unsrer Geliebten. Du verstehst mich, mein Raphael.

Der Mensch, der es so weit gebracht hat, alle Schönheit, Größe Vortrefflichkeit im kleinen und großen der Natur aufzulesen und zu dieser Mannigfaltigkeit die große Einheit zu finden, ist der Gottheit schon sehr viel näher gerückt. Die ganze Schöpfung zerfließt in seine Persönlichkeit. Wenn jeder Mensch alle Menschen liebte, so besäße jeder Einzelne die Welt.

Zum *Geist der Einheit* erwachen heißt den ersten bewußten Schritt tun auf dem Wege vom Geschöpf zum Schöpfer, von der Ichbewußtheit zur Allunmittelbarkeit.

Dieser Schritt aus der Enge des Alleinseins in die Weite des All-Einseins wandelt alles um uns in lichte Spiegel des eigenen und, dahinter, des kosmischen Geistes. In jedem einzelnen Wesen und Ding erblicken wir dann unser Anderes Selbst und lieben es mit der Hingabe dessen, der um sein inneres Einssein weiß mit allem, was lebt.

Denn der Geist der Einheit ist der *Geist der Liebe*, der uns aus der Vereinzelung und Vereinsamung zu beglückender Verwirklichung unserer Allgemeinsamkeit und All-Einheit leitet. Wir erfahren oder spüren es, wo immer wir Liebe aus der Fülle des inneren Reichtums schenken. Unsere entflammte Seele umarmt in ihrer Hingabe die ganze Natur – und von überall her leuchtet es Antwort:

> „... Und teilend meine Flammentriebe,
> Die Stumme eine Sprache fand,
> Mir wiedergab den Kuß der Liebe
> Und meines Herzens Klang verstand:
> Da lebte mir der Baum, die Rose,
> Mir sang der Quelle Silberfall,
> Es fühlte selbst das Seelenlose
> Noch meines Lebens Widerhall."

Das Gebiet des Geistes – sagt Schiller – „erstreckt sich so weit, als die Natur lebendig ist". Und wo wäre sie es nicht! Selbst die starr und tot erscheinende Materie ist, zeitraffend gesehen, in dynamischer Bewegung. Der Liebende gewahrt, daß die Kraft, die „Geist zum Geiste zwingt", die gleiche ist, die „die schwebenden Planeten ew'gen Ringgangs um die Sonne fliehen läßt", die hinter den schwirrenden Sternenheeren des Universums die Harmonie des Ganzen, den Geist der Einheit spürbar macht.

Sie ist es, die das Allgefühl des Liebenden in Allbewußtsein wandelt und zur All-Einheit erhöht, wie es Brentano im „Godwi" kündet:

> „Vergangen sei vergangen
> Und Zukunft ewig fern,
> In Gegenwart gefangen
> Verweilt die Liebe gern
> Und reicht nach allen Seiten
> Die ew'gen Arme hin,
> Mein Dasein zu erweitern,
> *Bis ich unendlich bin.*"

UNVERGÄNGLICHE LIEBE

Die Philosophie unserer Zeiten – ich fürchte es – widerspricht dieser Lehre. Viele unserer denkenden Köpfe haben es sich angelegen sein lassen, diesen himmlischen Trieb aus der menschlichen Seele hinwegzuspotten, das Gepräge der Gottheit zu verwischen, und diese Energie, diesen edlen Enthusiasmus *im kalten, tötenden Hauch einer kleinmütigen Indifferenz aufzulösen. Im Knechtsgefühl ihrer eigenen Entwürdigung haben sie sich mit dem gefährlichen Feinde des Wohlwollens, dem Eigennutz, abgefunden, ein Phänomen zu erklären, das ihren begrenzten Herzen zu göttlich war. Aus einem dürftigen Egoismus haben sie ihre trostlose Lehre gesponnen und ihre eigne Beschränkung zum Maßstab des Schöpfers gemacht – entartete Sklaven, die unter dem Klang ihrer Ketten die Freiheit verschreien ...*
Warum aber soll es die ganze Gattung entgelten, wenn einige Glieder an ihrem Werte verzagen? – Ich bekenne es freimütig: ich glaube an die Wirklichkeit einer uneigennützigen Liebe. Ich bin verloren, wenn sie nicht ist; ich gebe die Gottheit, die Unsterblichkeit, die Tugend auf. Ich habe keinen Beweis für diese Hoffnungen mehr übrig, wenn ich aufhöre, an die Liebe zu glauben. Ein Geist, der sich allein liebt, ist ein schwimmendes Atom im unermeßlichen leeren Raume.

Myriadenfach wurde die Liebe geleugnet oder mißverstanden – und ebenso oft mußten den Menschen „Krankheit und Tod drängen zum Gnothi seauton", wie Schiller sagt, zum „Erkenne dich selbst!" und zum „Erhebe dich durch dein Selbst in allumfassender Liebe zum All-Selbst!"
Es ist das Los aller ewigen Wahrheiten, anfangs verkannt, verlacht und geleugnet, dann verleumdet und bekämpft zu werden. Es

ist ihre Prüfung, aus der sie unversehrt und unverändert hervorgehen. Denn schließlich wandeln sich Hohn und Spott in Einsicht und Anerkennung, Verehrung und Verwirklichung.

Die größte und erste dieser ewigen Wahrheiten ist die *Liebe*. Schiller nennt sie den „himmlischen Trieb", einen „edlen *Enthusiasmus*." Im letzteren Wort offenbart sich noch ursprüngliches Bewußtsein des zugrundeliegenden Vorgangs der flammenden *Gotterfülltheit* des inneren Wesens des Liebenden, die ihn aus dem Kerker der Ichumfangenheit hinausführt in die Freiheit der All-Einheit.

Sie ist es, die den Menschen seines Mittlertums innewerden läßt gegenüber allem, was lebt. Sie offenbart ihm ihr innerstes Wesen und ihre Kraft, die ihn dem Himmel verbindet, der sich nicht weltenfern über den Sternen dehnt, sondern inwendig *in ihm* ist, wie auch der Geist des Lebens, die Fülle des Lebens, die Fülle der Gottheit, in ihm gegenwärtig und lebendig ist, soweit er liebt.

Solange die noch Unerwachten, weil unentflammten Herzens, es nicht sehen, bleiben sie Gefangene bloßen Daseins ... Aber wenn sie erwachen, fallen im Aufgang des inneren Lichts die Fesseln der Nichterkenntnis, der Ichgebundenheit und des Schwächewahns von ihnen ab, und sie werden ihrer Freiheit und All-Einheit inne.

In diesem Gewißsein der Unvergänglichkeit der allumspannenden Liebe – wie es auch in Schillers „Seid umschlungen, Millionen, diesen Kuß der ganzen Welt" und in Goethes Erkenntnis „Denn das Leben ist die *Liebe*, und des Lebens Leben *Geist*", enthusiastisch widerhallt – gipfelt die dynamische All-Einheitslehre der großen Geister und Meister der Menschheit.

Aber diese Liebe fordert von uns nicht nur Anerkennung und Bejahung, sondern himmelstürmende Verwirklichung durch die *Tat*. Denn Wert, Wandlungs- und Erlöserkraft hat nur, was zur Tat wird.

IV. AUFOPFERUNG

WESEN DER LIEBE

Aber die Liebe hat Wirkungen hervorgebracht, die ihrer Natur zu widersprechen scheinen.

Es ist denkbar, daß ich meine eigene Glückseligkeit durch ein Opfer vermehre, das ich fremder Glückseligkeit bringe – aber auch dann noch, wenn dieses Opfer mein Leben ist? Die Geschichte hat Beispiele solcher Opfer – und ich fühle es lebhaft, daß es mich nichts kosten sollte, für Raphaels Rettung zu sterben.

Wie ist es es möglich, daß wir den Tod für ein Mittel halten, die Summe unserer Genüsse zu vermehren? Wie kann das Aufhören meines Daseins sich mit Bereicherung meines Wesens vertragen?

Der ichfreien Liebe, die im Innersten aller Wesen als heilige Flamme glutet und den Gottesfunken im Seelengrund durch die vergängliche Leibeshülle hindurchleuchten läßt, ist auch das Opfer des Lebens noch „Bereicherung ihres Wesens."

Denn ihr Wesen und ihre Erfüllung ist nicht Nehmen und Haben, sondern *Geben*, schrankenloses Hinausstrahlen ihrer Liebeskraft, die um so mächtiger wird, je freudiger sie sich gibt.

Wie gewaltig ihre Inbrunst sein kann, zeigen Leben und Wirken der großen Mystiker und Weltenlehrer, die immer aufs neue demonstrieren, daß alle Reichtümer der Welt ihnen nichts bedeuten gegenüber dem Pleroma, dem Lichtmeer der göttlichen Überfülle des Innern, dem Alltrieb, der sie die Gaben des Geistes all-liebend verschenken läßt.

Ihre Liebe fragt nicht danach, ob das, was sie geben, Lichtgedanken sind oder heilende Kräfte, Gesundheit oder Leben des Leibes.

Sie fragt weder nach dem Preis noch nach dem Lohn ihrer Selbsthingabe und Aufopferung; sie will nur *geben*. Nur in diesem Sichselbstverschenken findet sie ihre Erfüllung.

Jedes Wesen, in dem diese All-Liebe entflammt, ist wahrhaft reich, Eigner und Quell der Fülle des Lebens. Sie verwirklicht beständig von innen her, was Brentano vom äußeren Reichtum fordert:

> „Der Name Reichtum kommt allein von *reichen*:
> Hinreichen sollen wir das Eigen; allen
> Die arm sind, sollen froh wir geben,
> Weil sie die Arme so gar traurig heben."

Weil die Liebe um ihre Todüberlegenheit weiß, verschenkt sie sich bis zum Letzten, ohne dadurch ärmer zu werden. Zugleich macht sie dem von ihr Erfüllten bewußt, daß alles, was er je an innerem Reichtum und Glück gewann und *weitergab*, aus tausend unsichtbaren Quellen zu ihm zurückfließt und ihn durch die Todespforte ins neue Leben begleitet, so daß selbst der Tod zu einem Mittel wird, die Summe seiner Glückseligkeit zu mehren.

Das Wesen der Liebe ist Schöpfertum. Wer nicht liebt, kann nicht wahrhaft schöpferisch sein. Was man nicht liebt, kann man nicht meistern, während die Liebe jedes Vermögen weckt und steigert, nach dem das Herz verlangt.

In diesem Schöpfertum offenbart sich ihre göttliche Herkunft und kosmische Kraft.

STUFEN DER LIEBE

Die Voraussetzung von einer Unsterblichkeit hebt diesen Widerspruch auf – aber sie entstellt auch auf immer die hohe Grazie dieser Erscheinung. Rücksicht auf eine belohnende Zukunft schließt die Liebe aus. Es muß eine Tugend geben, die auch ohne den Glauben an Unsterblichkeit auslangt, die auch auf Gefahr der Vernichtung das nämliche Opfer wirkt.

Zwar ist es schon Veredelung einer menschlichen Seele, den gegenwärtigen Vorteil dem ewigen aufzuopfern – es ist die edelste Stufe des Egoismus –, aber Egoismus und Liebe scheiden die Menschheit in zwei höchst unähnliche Geschlechter, deren Grenzen nie ineinander fließen. Egoismus errichtet seinen Mittelpunkt in sich selber; Liebe pflanzt ihn außerhalb ihrer selbst in die Achse des ewigen Ganzen.

Es sind die *Stufen der Liebe*, die Schiller uns bewußt macht:

Sie beginnen bei der eiskalten *Ich-Liebe*, jenem egoistisch gierenden Haben-, Haften- und Haltenwollen, das „seinen Mittelpunkt in sich selbst errichtet" und, weil glutlos, vergeblich danach trachtet, alles dem eigenen Ich dienstbar und gleichzumachen.

Die nächsthöhere Stufe ist die der *Nächstenliebe*, die Ziel und Mittelpunkt ihres Sehnens im *Du* oder *Wir* findet, mit ihren Staffeln der Liebe zum anderen Geschlecht, zur Familie, zum Freunde, zum Volk, zum Nächsten allgemein, zur Menschheit und zu allem, was lebt.

Ihre höchste Stufe und lichter Gipfel ist die ichfreie *All-Liebe*, die ihren Mittelpunkt in dem hinter allen Wesen stehenden *Einen* sucht und findet und sich sehnt, mit diesem Einen flammend zu verschmelzen und ganz in sein Sein einzugehen.

Sie bedarf keines Glaubens an Unsterblichkeit. Sie findet ohne

Hinblick auf Vergeltung und Belohnung diesseits oder jenseits ihre Selbsterfüllung darin, die Schönheit, Kraft und Fülle ihrer Liebe bedingungslos zu schenken.

Heilige und Märtyrer, Erleuchtete und Weltenlehrer, aber auch unzählige Namenlose, die über die Erde gingen, haben demonstriert, was Liebe in ihrer höchsten Offenbarung bedeutet. Aber sie sprachen wenig von ihr; ihre Liebe war nicht Wort, sondern *Tat*.

Der seelisch noch unerwachte und unentflammte Alltagsmensch vermag die Unendlichkeit und Urgewalt dieser Liebe nur zu ahnen. Gewiß schlummert ihr Keim auch in der Brust; doch noch ist er nicht imstande, den Funken in seinem Innern zu einem alles Ichhafte verzehrenden All-Liebesfeuer zu entfachen.

„Solange das Auge des Liebenden noch am sinnlichen Gegenstand haftet", sagt *Plotin*, „liebt er nicht wahrhaft; erst wenn er sich über den sinnenhaften Gegenstand zur geistigen Liebe erhebt und zum Gewißsein ewigen inneren Einsseins erwacht, glutet in ihm der All-Liebe Licht. Dann weiß er, daß die Gegenstände der irdischen Liebe vergänglich sind, daß diese Liebe nur auf Nachbilder (des Unvergänglichen) gerichtet ist, die sich wandeln, während dort oben (im Reich des Geistes) das eigentlich Geliebte ist, mit dem jene wirkliche *Einswerdung* möglich ist, in der man an ihm teilhat und es wahrhaft besitzt – nicht nur äußerlich, sondern innerlich . . .

. . . In dieser Liebe empfängt die Seele ein neues Leben: sie erkennt, daß der Geist der Liebe, der Spender aller Dinge und Glückseligkeiten, in ihr ist und sie in ihm, so daß sie nichts mehr bedarf, sondern, alles Äußeren ledig, in Ihm stillesteht, erfüllt vom geistigen Licht, in dem sie und das Göttliche eins sind – wenn auch nur für einen Erden-Augenblick, weil sie noch leibgebunden ist . . ."

Nichts anderes meint *Schiller*, wenn er die Liebe eine Leiter nennt, „worauf wir emporklimmen zur Gottähnlichkeit", die sich eben durch die Schrankenlosigkeit der Liebe offenbart. „Glühend für die Idee der Menschheit und gütig und menschlich gegen den einzelnen Menschen – das ist mein Wahlspruch", schrieb er 1795 an Benjamin von Erhard – im Blick auf innere Gegenwart des Einen in allen.

Ähnlich empfand *Goethe*, als er, in der „Weisheit des Bakis", von der Kunst sprach, die in ihrer höchsten Form Kunst liebenden Einsseins mit dem Einen ist:

> „Ewig wird er euch sein der *Eine*, der sich in Viele
> Teilt, und Einer jedoch, ewig der Einzige bleibt!
> Findet in Einem die Vielen, empfindet die Vielen wie
>   Einen,

Und ihr habt den Beginn, habt das Ende der Kunst."

UNSTERBLICHE LIEBE

Liebe zielt nach Einheit; Egoismus ist Einsamkeit. Liebe ist die mitherrschende Bürgerin eines blühenden Freistaats, Egoismus ein Despot in einer verwüsteten Schöpfung. Egoismus sät für die Dankbarkeit; Liebe für den Undank. Liebe verschenkt, Egoismus verleiht – einerlei vor dem Thron der richtenden Wahrheit, ob auf den Genuß des nächstfolgenden Augenblicks oder die Aussicht einer Märtyrerkrone –, einerlei, ob die Zinsen in diesem Leben oder im anderen fallen.

Noch einmal wiederholt Schiller, daß die Früchte der wahren Liebe Früchte vom Baum des Lebens sind, während die des Egoismus giftigen Pilzen gleichen, die den verderben, der sie gierend verschlingt.

Hat der Egoismus als Ziel das Besitzenwollen, so gleicht die Liebe einer Quelle, die unaufhörlich sprudelt und nie fragt, ob ihre Wasser sich einmal erschöpfen.

Ichhaftigkeit stößt am Ende auf Widerstand und Mißstand, führt von Lust zu Unlust und Verlust, vom Haltenwollen zur Trennung, von flüchtiger Scheingemeinsamkeit zu glücksferner Einsamkeit . . .

. . . Alles Lebendigen Wesen ist aber liebende Vereinung und *Einheit*: wohin wir das Auge auch wenden, überall gewahren wir, wie eins mit dem andern mannigfach verknüpft ist, wie nichts besteht ohne Beistand anderer, wie überall Gemeimsamkeit und Harmonie herrscht, die auf Einklang und Einheit zielt.

Das gilt räumlich wie zeitlich und ewig:

Während der Egoismus den Blick auf die Gegenwart richtet, sieht die Liebe im Augenblick nur den Repräsentanten der Ewigkeit. Wenn sie sich verschenkt, folgt sie dem göttlichen Willen im

Innern – einerlei, ob dieser Wille auf das gegenwärtige oder auf künftiges Sein zielt und hinwirkt. Da sie um ihre Unvergänglichkeit und Allwirksamkeit weiß, bekümmert es sie nicht, wenn sie in der Zeit verkannt, enttäuscht oder verleumdet wird.

„In diesem Leben oder im anderen": Der wahren Liebe ist die ewige Wiederkehr und das Verbundensein jenseits aller Formen kein Gegenstand der Hoffnung oder gar Berechnung, sondern selbstverständliche Gewißheit, wobei sie mit gleicher Gelassenheit in die Längstvergangenheit zurück- wie in die fernste Zukunft vorausblickt.

Schiller gab diesem universalen Gewißsein poetischen Ausdruck:

> „Waren unsere Wesen *schon* verflochten?
> War es darum, daß die Herzen pochten?
> Waren wir im Strahl' erlosch'ner Sonnen,
> In den Tagen lang verrauschter Wonnen
> *Schon* in eins zerronnen?
>
> Ja, wir waren's! – Innig mir verbunden
> Warst du in Äonen, die verschwunden!
> Meine Muse sah es auf der trüben
> Tafel der Vergangenheit geschrieben:
> *Eins* mit deinem Lieben!
>
> Und in innig festverbund'nem Wesen
> – Also hab' ich's staunend dort gelesen –
> Waren wir *ein* Gott, *ein* schaffend Leben,
> Und uns ward, sie herrschend zu durchweben
> Frei die Welt gegeben."

OPFERGEIST

Denke dir eine Wahrheit, mein Raphael, die dem ganzen Menschengeschlecht auf entfernte Jahrhunderte wohltut – setze hinzu, diese Wahrheit verdammt ihren Bekenner zum Tode, diese Wahrheit kann nur erwiesen werden, nur geglaubt werden, wenn er stirbt. Denke dir dann den Mann mit dem hellen Sonnenblicke des Genies, mit dem Flammenrad der Begeisterung, mit der ganzen erhabenen Anlage zu dieser Liebe. Laß in seiner Seele das vollständige Ideal jener großen Wirkung emporsteigen – laß in dunkler Ahnung vorübergehen an ihm alle Glücklichen, die er schaffen soll – laß die Gegenwart und die Zukunft zugleich in seinem Geist sich zusammendrängen – und nun antworte mir: bedarf dieser Mensch der Anweisung auf ein anderes Leben?

Die Summe all dieser Empfindungen wird sich verwirren mit seiner Persönlichkeit, wird mit seinem Ich in eins zusammenfließen. Das Menschengeschlecht, das er jetzt sich denkt, ist er selbst. Es ist ein Körper, in welchem sein Leben, vergessen und entbehrlich, wie ein Blutstropfen schwimmt – wie schnell wird er ihn für seine Gesundheit verspritzen!

Wie die Gottheit sich all-opfernd hingab und hingibt, so daß das Universum mit seiner unendlichen Sternen- und Lebensfülle allwirkend in Erscheinung trat und sich immerfort neu gebiert, so wird die vom Geist des Opfers erfüllte *All-Liebe* des zu sich selbst – und damit zum All-Selbst – erwachten Geistes zum immerfort sprudelnden Quell neuen Lebens und schöpferischer Selbstverwirklichung.

Sie bedarf keines Glaubens an künftiges Leben. Sie *weiß* um die Ewigkeit ihres Wirkens. Sie erkennt sich als Selbstoffenbarung des Geistes des Ganzen, der allen Wesen wie allem Wandel im Weltall zugrundeliegt. Durch ihn weiß sie sich jedem einzelnen Mitgeschöpf unauflöslich verbunden und eins. In allem Wechsel ihrer Äußerungen und Erscheinungsformen weiß sie sich innerlich unveränderlich, weil eins mit dem Einen.

Diese All-Liebe ist in Zeit und Ewigkeit sich selber Weg, Ziel und Erfüllung. Sie, die höchste Gott-Selbstoffenbarung ist, kennt kein Ich und Du, sondern nur den allumspannenden Liebeswillen des Einen, keine Vergangenheit und Zukunft da oder dort, sondern nur ein ewiges Jetzt und Hier.

Denn für sie sind Seelengrund und Weltengrund *eins*.

V. GOTT

DER GEIST DES GANZEN

Alle Vollkommenheiten im Universum sind vereinigt in Gott. *Gott und Natur sind zwei Größen, die sich vollkommen gleich sind.*
Die ganze Summe harmonischer Tätigkeit, die in der göttlichen Substanz beisammen existiert, ist in der Natur, dem Abbilde dieser Substanz, zu ungezählten Graden, Maßen und Stufen vereinzelt. Die Natur – erlaube mir diesen bildlichen Ausdruck –, die Natur ist ein unendlich geteilter Gott.

Wie alle Vollkommenheiten der Liebe ihren Urgrund und ihre Gipfelung im *Einen* finden, so auch alle Wesen, Dinge und Bedingungen auf unserem Heimatplaneten wie auf den Billionen andersartigen Lebenswelten im All.
In jedem Wesen, jeder Form und jedem Wandel ist die göttliche Kraft unmittelbar schöpferisch wirksam. Es gibt nichts, in dem diese göttliche Wirksamkeit – Plotins ‚*energeia*‘ – nicht ordnend und lenkend, aufbauend und höherführend gegenwärtig wäre.
Das All ist eine lebendige Einheit: In jedem Wesen offenbart sich, wie in den einzelnen Zellen eines Organismus, der wirkende *Geist des Ganzen*. Jedes Wesen ist lebendige Einkörperung einer Idee, ist Werkzeug und Wirkfeld göttlichen Lebens – und die Summe des Denkens und Wirkens, die Synthese und das innere Leben aller Wesen ist *Gott*.
Darum trachtet alle Natur – als unendlichfache Widerspiegelung Gottes – nach seinem Urbild, nach dem Selbstsein im All-

selbst, nach dem allbewußten Wiedereinssein mit dem Urgrund, dem *Einen*. Denn im tiefsten Innern weiß sich jedes Teil des Ganzen als alles und Eines zugleich.

Schiller gab diesem Gedanken in einem Brief an Reinwald (14. 4. 1783) eine andere Variante:

Gott erblickt sich, sein großes Selbst, in der Natur umhergestreut. An der allgemeinen Summe der Kräfte berechnet er augenblicklich sich selbst; – sein Bild sieht er in der ganzen Ökonomie des Erschaffenen vollständig, wie aus einem Spiegel zurückgeworfen, und liebt Sich in dem Abriß, das Bezeichnete in dem Zeichen. Wiederum findet er in jedem einzelnen Geschöpf Trümmer seines Wesens verstreut ... Nach dieser Darstellung komme ich auf einen reineren Begriff der Liebe ... "

Und seine Folgerung:
„*Gleichwie keine Vollkommenheit einzeln existieren kann, so kann keine denkende Seele sich in sich selbst zurückziehen und mit sich begnügen.*"

Vielmehr geht aller Seelen Sehnen dahin, höhere Einheiten zu bilden und, als letztes, sich dem Ganzen zu einen. Ausdruck dieses Sehnens ist die Liebe, die ihre Erfüllung in der Verwirklichung der Erkenntnis findet, daß „Gottgleichheit die Bestimmung des Menschen ist."

Plotin, der erste große Künder dieser dynamischen All-Einheitslehre, verdeutlicht den Weg vom Einzelwesen zum Geist des Ganzen auf zwei Weisen:

Auf der einen Seite sucht er den noch Unerwachten in allem Geschehen die Wirksamkeit – energeia – des Einen sichtbar zu machen, hinter den physischen Erscheinungen und Wandlungen den metaphysischen Ursacher aufzuzeigen, der in seinen Manifestationen *mittelbar* begriffen werden kann.

Auf der anderen Seite weist er die im Erwachen Stehenden auf den Weg nach *innen*, auf dem, im Aufgang des Innenlichts, im Innewerden der Einheit, der Weltengrund vom Seelengrund her *unmittelbar* erfahren werden kann:

In der Kontemplation wird der Eine, der Geist des Ganzen, dynamisch als das *metakosmische Urkraftfeld* erkannt, das in sich und aus sich die unendliche Mannigfaltigkeit der Welten- und Wesenskraftfelder hervorrief – die schöpferischen Individualitäten, hinter deren unübersehbarer Vielheit immer die *Einheit* steht, die jedes Wesen, wenn es sich selber auf den Grund geht, als Ziel seines und alles Strebens und Lebens erkennt.

Plotin macht das am Beispiel des Menschen anschaulich klar:

„Kommt der Mensch – auf dem Wege nach innen – zum Einssein mit sich selber, so ist er eins mit dem Gott, der still in ihm gegenwärtig ist; und dann weilt er bei ihm und in ihm, soweit er vermag. Jede derartige Wiederverbindung mit dem Gott in ihm vermittelt ihm folgenden Gewinn: Am Anfang des Weges hat er Wahrnehmung von sich selber, solange er noch vom Einen geschieden ist; dann aber eilt er weiter ins Innere und gewinnt das Ganze. Er läßt das Ichbewußtsein fahren und weilt in der Einheit mit dem Einen . . .

. . . Er ist dann in Gott und Gott in ihm, gleichwie die ganze Natur in Gott ist und Gott in ihr tätig gegenwärtig ist. Er erkennt dann das Universum als einheitliches lebendiges Allwesen, in dem alle Einzelwesen durch die gemeinsame Seele verbunden sind, die sich über alle Zonen und Dimensionen des Weltalls erstreckt . . .

. . . In dieser All-Einheit bildet alles Seiende eine universalsymphathische Wirkgemeinschaft. Alles Erleben und Fortschreiten ist gemeinsam. Es ist, als seien alle Wesen und Welten ein einziger Metaorganismus, in welchem jedes Wesen auf jedes andere wirkt, wobei die zeitliche und räumliche Entfernung bedeutungslos ist. Diese *Einheit* in der unendlichen Vielheit gilt es zu erkennen und wahrzunehmen, wie alle Wesen und Dinge in ihrem bunten Chor gleichsam einen einzigen Reigen aufführen ...

... Wer dessen gewahr wird, wird des *Einen* inne – staunend vor dem Wunder seines Wesens, seiner Erhabenheit immer lebendiger bewußt ..."

Von kosmischer Warte gesehen, ist jede Form des Lebens eine Stufe auf dem Allweg der Verwirklichung des Geistes und der Vergeistigung alles Gewirkten. Einzelne haben diesen Weg bis an sein für uns erkennbares Ende durchschritten und die Einheit mit dem Einen erreicht. Sie sind unserem beschränkten Sehkreis entschwunden. Die Vielen aber leugnen in ihrer Wirklichkeitsblindheit noch den göttlichen Funken in der eigenen Brust.

Wenn *Schiller* von dieser irdisch-kosmischen Evolution, „vom Wurm zum Seraph" und darüber hinaus, spricht, mag ihm Plotins *Geisteshierarchie* vorgeschwebt haben, die beim scheinbar toten Gestein beginnt und über die Triebseelen der Pflanzen und Tiere, den Menschengeist, die Engelwesen und Gestirnseelen bis zur Weltseele und zum Urgeist hinanführt.

Je weiter wir diesen unendlichen Wesens- oder Kraftfeldstufungen mit ihren immer höheren Lichtgraden der Engel und Erzengel, Buddhas und Dhyanchohans, Sonnenlogoi und Kosmokratoren bis zum Götterhimmel und darüber hinaus zum Brahman und Parabrahman, wie sie in allen Religionen und Weisheitslehren wiederkehren, aufwärts folgen, desto deutlicher wird offenbar, wie sich der geistige Sehkreis und die Machtfülle der Wesenheiten weitet, wie ihre Erkenntnis- und Verwirklichungskraft zunehmend umfassender wird – – bis sie schließlich auf den höchsten uns weder zugänglichen noch vorstellbaren Stufen des Seins und Überseins das ganze unter ihnen flutende All-Leben all-liebend mit ihrem Bewußtsein und Wesenskraftfeld schöpferisch wirkend umfassen und sich als universale Mitschöpfer des Geistes des Ganzen offenbaren.

AUFSTIEG ZUR EINHEIT

Wie sich im prismatischen Glase ein weißer Lichtstreif in sieben dunklere Strahlen spaltet, hat sich das göttliche Ich in zahllose empfindende Substanzen gebrochen. Wie sieben dunklere Strahlen in einen hellen Lichtstreifen wieder zusammenschmelzen, würde aus der Vereinigung aller dieser Substanzen ein göttliches Wesen hervorgehen.

Die vorhandene Form des Naturgebäudes ist das optische Glas, und alle Tätigkeiten der Geister sind nur ein unendliches Farbenspiel jenes dreifachen göttlichen Strahls. Gefiele es der Allmacht dereinst, dieses Prisma zu zerschlagen, so stürzte der Damm zwischen ihr und der Welt ein, alle Geister würden in einem Unendlichen untergehen, alle Akkorde in einer Harmonie ineinanderfließen, alle Bäche in einem Ozean aufhören.

Zu Beginn seiner All-Einheitslehre sprach Schiller von der Welt, die „den Riß ihres Schöpfers erfüllte", wobei der die „zahllosen empfindenden Substanzen" oder Individualitäten meinte, in die das „göttliche Ich" sich teilte ... Dieser Gedanke ist Echo uralter Weisheit, nach der durch die Entäußerung des Einen die „Welt der Urbilder" entstand, deren äußere Manifestation wieder das sichtbare Universum mit seiner unendlichen Welten- und Wesensfülle ist.

Es wäre aber falsch, daraus zu schließen, daß Gott dann nichts sei als die Summe aller Wesen, was auf die unzulängliche Auffassung des *Pantheismus* hinauslaufen würde, der mechanisch denkend All und Gott gleichsetzt und von Schopenhauer mit Recht als „vornehmste Form des Atheismus" entlarvt wurde.

Schillers geistige All-Einheitslehre ist – wie die Plotins – etwas wesentlich anderes: ein dynamischer *Panentheismus*, der Gott als den lenkenden Geist und die Kraft der Einheit in allem Leben und Geschehen erkennt und alles von ihm liebend umschlossen und in ihm geborgen und geeint sieht.

Der Weltentwicklungsprozeß ist dabei nicht, wie Goethe es sah, nur ein „Wirklichwerden der Ideen Gottes", sondern zugleich ein universaler Selbstoffenbarungsprozeß des Einen, der in der individuellen Selbstverwirklichung alles Lebendigen seine Widerspiegelung findet.

Nach dem Sinn und Ziel dieser Gottselbstoffenbarung im Kosmos wie im Einzelwesen zu fragen, erscheint müßig, solange man nach außen blickt, während die Frage sich selbst beantwortet, wenn man einwärtsschaut, wie es Rückert in seiner „Weisheit des Brahmanen" anrät:

„Unbillig klagest du, zu wenig sei dir kund
Der Dinge dieser Welt geheimnisvoller Grund.
Die nächsten Gründe nur der Dinge siehst du nicht,
Den letzten höchsten Grund fühlst du mit Zuversicht.
Du fühlst: die Kette reicht von Gott zu dir hernieder;
Nur in der Mitte siehst du nicht die Mittelglieder.
Was brauchst du sie zu seh'n? Du fühlst der Kette Zug,
An der dich durch die Welt Gott zieht; das ist genug.

Du fühlst, du bist aus Gott; doch hast du nicht vernommen,
Wie, wann, warum, wozu du bist aus ihm gekommen;
Ob du von ihm verbannt, ob von ihm ausgesandt,
Ob ausgewandert bist – es ist dir unbekannt.
Bist du verbannt, so wird er die Verbannung wenden;
Bist du gesandt, so wird er wieder dich besenden;
Bist du gewandert, wird die Wanderlust vergehn
Und deine Heimat wirst du freudig wiedersehn.

Was hat dich, Geist, vermocht, aus Gott hervorzuwallen?
Er hat dich nicht verbannt, du bist nicht abgefallen.
Die *Liebe* nur hat dich, die Liebe dich getrieben:
Er wollte, daß *er dich,* daß *du ihn* könnest lieben.
Wärst du nicht außer ihm, wie könnt'st du suchen ihn?
Wär' er nicht außer dir, wie könnt' er an dich ziehn!"

Nun sind wir aber nicht nur außer ihm, sondern zugleich in ihm und wesenhaft mit ihm eins. Und wie die Liebe der Ausgang war, ist sie auch der Weg der Wiedergewinnung der Einheit – nur bewußter und universaler.

Diese göttliche Liebe offenbart sich in den verschiedenen Wesen in unterschiedlicher Stärke und Lichtheit. Anders spiegelt sie sich im Wurm, anders im Menschen; doch immer sind es die Strahlen der gleichen Sinne, gleich nah und wert dem Höchsten Liebenden, dessen Atem das Universum durchströmt – von den Spiralnebeln und Sonnen bis hinab zum letzten Atom und Elektron.

Alles von der All-Liebe ins Dasein Gerufene strebt schöpferisch wirkend nach der *universalen Einheit,* als deren lebendiges Glied es sich auf seinem Selbstentfaltungswege früher oder später und immer vollkommener erkennt. *Dieser Aufstieg zur Einheit ist allem Leben gewiß,* weil das innerste Selbst jedes Wesens ein Funke der Gottheit ist.

Schillers All-Einheitslehre ist die *Plotins:* „Kein Wesen ist von dem Einen getrennt. Sie alle sind nicht außer ihm, sondern atmen und bestehen in ihm und durch ihn." Wie im Gebirge die Gipfel der Berge getrennt emporragen, alle Berge aber im Grunde ein einziges Massiv bilden, so erscheinen alle Wesen in der raumzeitlichen Körperwelt getrennt, während sie in die Tiefe, in der geistigen Welt, unter sich und mit dem göttlichen Urgrund *eins* sind.

Wer dessen bewußt werden will, braucht nur dem Wege zu folgen, den alle Lichterwachten und Gottgeeinten gingen: dem Weg nach innen, der über die Stufen der Selbstbesinnung und reinigenden Selbstdurchlichtung bis zur vollen Erleuchtung, Selbstverwirklichung und Einswerdung führt. Es ist der Weg aus der Vielheit zur Einheit, von den Dingen zum Unbedingten, vom Sein zum überseienden Ursein, vom individuellen Seelengrund zum universalen Gottesgrund.

Dieser Aufstieg gleicht nicht dem mühevollen Erklimmen eines Berggipfels. Denn ‚oben' ist *innen*: der Sonnengipfel des Selbst- und All-Erwachens liegt im innerkosmischen Wesenszentrum.

Was zu seiner Erreichung nötig ist, ist die allgelassene Lösung von allem an und in uns, das nicht unserem innersten lichten Wesen, also Gott gemäß ist. Das meint Plotins Rat:

„Ziehe dich vom Äußeren zurück und wende dich nach innen. Kehre ein zu dir selber und erkenne dich selbst. Und wenn du gewahrst, daß du noch nicht reiner Geist bist und vollkommen, so tue wie der Bildhauer, der von einer Büste, die vollendet werden soll, hier etwas fortmeißelt, dort etwas glättet, bis das Werk vollbracht ist...

... Mache alles Dunkle hell und beharre darin, bis der göttliche Glanz der Vollkommenheit aus dir hervorstrahlt. Bist du rein geworden und mit dir selber eins, dann bist du lauteres Licht und bedarfst keiner weiteren Weisung...

... Wie kein Auge die Sonne sehen könnte, wäre es nicht sonnenhaft, so könnte auch die Seele nicht zur Gottschau und All-Einheit gelangen, wäre sie nicht ihrem Wesen nach Licht vom Urlicht der Gottheit."

Anfangs ist es *unser* Werk, die Verinnerlichung und Durchlichtung unseres Wesens zu erwirken und unsere Gottwürdigkeit durch Taten der Liebe und Weisheit zu demonstrieren. Aber auf höheren Stufen wird aus Tun *Lassen*:

Hier kann man dem Einssein nicht mehr nachjagen, um es zu erreichen; hier muß man sich stille halten und warten, bis man von ihm ergriffen wird, indem man, wie Plotin sagt, „sich zum hingebenden Schauen bereit hält, bis man, wie das Auge vom Licht der aufgehenden Sonne, vom aufbrechenden Strahlenglanz Gottes durchflutet wird. Dann erblickt man zuerst sein Selbst, bis es ganz vom göttlichen Licht durchdrungen ist, bis aus der Schau das Einssein erquillt, in dem es keine Zweiheit mehr gibt, weil der Geist selbst das *Eine* geworden ist."

LIEBE – KRAFT DER ALL-EINUNG

Die Anziehung der Elemente brachte die körperliche Form der Natur zustande. Die Anziehung der Geister, ins Unendliche verfielfältigt und fortgesetzt, müßte endlich zur Aufhebung jener Trennung führen oder ... Gott hervorbringen. Eine solche Anziehung ist die Liebe.

Der Weg zur Einung aller Wesen, die Kraft, die ihren gemeinsamen Aufstieg zum Licht und jene Vergeistigung und Vergöttlichung alles Seienden bewirkt, die Teilhard de Chardin den ‚Punkt Omega' nennt, ist die *Liebe*.

Ihre Kraft ist mächtiger als die der Gravitation, die die Monde an ihre Planeten, diese an die Sonne und die Sonnen an den unsichtbaren Mittelpunkt der spiralig kreisenden Sternengemeinschaft bindet. Denn die all-einende Gottkraft der Liebe begründet die geistige Teilhabe aller an allen, mag das eine Wesen auf der Erde, das andere auf einem Sirius-Planeten oder im Nebel der Andromeda weilen.

Aufgabe aller denkenden Wesen ist es, diese Schöpferkraft der Liebe in sich zu entdecken und zur Allentflammung zu bringen. Früher oder später werden alle den Innenweg der Vergeistigung und Selbstverwirklichung gehen, auf dem sie in der Sternenstunde ihres Daseins das Erwachen zu kosmischer Bewußtheit erwartet.

Die Ahnung dieser All-Einheits-Gewißheit klingt, ganz im Geiste Schillers, in Clemens Brentanos „Godwi" an:

> „In uns selbst sind wir verloren,
> Bange Fesseln uns beengen;
> Schloß und Riegel muß zersprengen;
> Nur im Tode wird geboren!

In der Nächte Finsternissen
Muß der junge Tag ertrinken;
Abend muß herniedersinken,
Soll der Morgen dich begrüßen",

wobei im Erwachenden wie eine Feuersäule flammende Gewißheit emporquillt:

„Ich sinke ewig unter
Und steige ewig auf
Und blühe stets gesunder
Aus Liebesschoß herauf.

Das Leben nie entschwindet!
Mit Liebesflamm' und -licht
Hat Gott sich selbst entzündet
In der Natur Gedicht . . .

So kann ich nimmer sterben,
Kann nimmer mir entgehn;
Denn um mich zu verderben,
Müßt Gott selbst untergehn."

ALLVERGÖTTLICHUNG

Also Liebe, mein Raphael, ist die Leiter, auf der wir emporklimmen zur Gottähnlichkeit. Ohne Anspruch, uns selbst unbewußt, zielen wir dahin.

Tote Gruppen sind wir, wenn wir hassen,
Götter, wenn wir liebend uns umfassen,
   Lechzend nach dem süßen Fesselzwang.
Aufwärts durch die tausendfachen Stufen
Zahlenloser Geister, die nicht schufen,
   Waltet göttlich dieser Drang.

Arm in Arme, höher stets und höher,
Vom Barbaren bis zum griech'schen Seher,
   Der sich an den letzten Seraph reiht,
Wallen wir einmüt'gen Ringeltanzes,
Bis sich dort im Meer des ew'gen Glanzes
   Sterbend untertauchen Maß und Zeit.

Freundlos war der große Weltenmeister,
Fühlte Mangel; darum schuf er Geister,
   Sel'ge Spiegel seiner Seligkeit.
Fand das höchste Wesen schon kein Gleiches –
Aus dem Kelch des ganzen Wesenreiches
   Schäumt ihm die Unendlichkeit.

Liebe, mein Raphael, ist das wuchernde Arkanum, den entadelten König des Goldes aus dem unscheinbaren Kalke wiederherzustellen, das Ewige aus dem Vergänglichen, und aus dem zerstörenden Brande der Zeit das große Orakel der Dauer zu retten.

„Arm in Arme" wallen die Wesen, durch die Gottkraft der Liebe geleitet und ihre innere Lichtheit und Einheit zunehmend erkennend, jener metakosmischen Gottunmittelbarkeit entgegen, die Teilhard de Chardin, wie erwähnt, den ‚*Punkt Omega*' nennt.

Auch des letzten Wesens Weg führt es durch alle Reiche der Geisteshierarchie empor ins Lichtreich der Gottheit, ... „bis sich dort im Meer des ew'gen Glanzes sterbend untertauchen Maß und Zeit" – im Einssein mit dem Einen.

Da dieser kosmische Entfaltungsprozeß der Explosion und Implosion des Universums die Vergeistigung auch der Materie, die *Allvergöttlichung* zum Ziel hat, denkt und handelt der falsch, der den Körper verächtlich verneint oder gar abwirft, um dem Geiste den Aufstieg zu erleichtern... Denn „nicht um sie wie eine Last wegzuwerfen oder wie eine grobe Hülle von sich abzustreifen, nein, um sie aufs engste mit seinem höheren *Selbst* zu vereinen, ist seiner reinen Geistesnatur eine sinnliche beigesellt." –

Das Motiv „Freundlos war der große Weltenmeister" ist eine erneute poetische Andeutung der Weltschöpfung durch Selbstentäußerung des göttlichen Urwesens, jenes unerschöpflichen Urquells aller Kraft, der unaufhörlich Ströme der Liebe hinaussendet – Ströme, die auf ihrem Rücken die Welten und Wesen dahintragen, bis sie wieder einmünden in das unendliche Allmeer jenseits von Raum und Zeit, das alle Quellen speist...

Die *Liebe* ist der Weg, die Allvergöttlichung das Ziel. Schiller nennt die Liebe das „Arkanum, das den entadelten König des Goldes aus dem unscheinbaren Kalke wiederherstellt", das Selbst aus dem Ich, das „Ewige aus dem Vergänglichen".

Sie ist der Stein der Weisen, der den psychochemischen Prozeß der Transmutation und Wiedergewinnung des Edlen aus dem Unedlen, des Höheren aus dem Niederen, des Göttlichen im Menschlichen zur Vollendung führt.

Das wahre Feld der zumeist mißverstandenen Alchemie der Alten war nicht das Reich der stofflichen Elemente, ihr Sinn war vielmehr, durch geistige Reagentien, durch spirituelle Arkana den Goldkern der Seele – den unvergänglichen Flammengeist im Seelengrund – aus der bleiernen Ich- und Stoffgebundenheit zu lösen und den wesenbefreienden Aufgang der Innensonne herbeizuführen.

DER INNENWEG DER RELIGIO

Was ist die Summe von allem Bisherigen?
Laßt und Vortrefflichkeit einsehen, so wird sie unser. Laßt uns vertraut werden mit der hohen idealischen Einheit, so werden wir uns mit Bruderliebe anschließen aneinander. Laßt uns Schönheit und Freude pflanzen, so ernten wir Schönheit und Freude. Laßt uns hell denken, so werden wir feurig lieben.

„Seid vollkommen, *wie euer Vater im Himmel vollkommen ist*", sagte der Stifter unseres Glaubens. Die schwache Menscheit erblaßte bei diesem Gebote; darum erklärte er sich deutlicher: „Liebet euch untereinander!"

Das Innewerden unserer gemeinsamen Pilgerfahrt zum Unendlichen – aus den Niederungen der Unvollkommenheit zu den Gipfeln höchster Vollendung –, die Erkenntnis unserer Gotteskindschaft im universalen Sinne dieses Wortes als Erbschaft und Trägerschaft göttlichen Wesens nennen wir *Religion*.

Weil Sinn und Ziel aller Religionen die Innewerdung, bewußte Wieder-Verbindung und Einswerdung mit dem Göttlichen ist, bejaht der geistig Erwachte *jede* Religion als Ausdrucksform liebender Hinwendung zum Göttlichen im Innern wie im All.

Und wenn *Schiller* auf die Forderung des Begründers des Christentums an uns Menschen verweist: „Seid vollkommen, wie euer Vater im Himmel vollkommen ist!", will er uns daran erinnern, daß wir nicht nur *Kinder der Erde* sind, sondern weit mehr *Kinder des Kosmos* und Erben des Lichtreichs der Gottheit. Zugleich liegt in diesem Hinweis die Erinnerung an das andere große Wort des Weltenlehrers, daß das göttliche Reich nicht in unerreichbarer Ferne liegt, sondern *inwendig in uns* ist, und daß *jeder* von uns berufen ist, gleich ihm zu erfahren: „Ich und der Vater sind *eins*!"

Zu dieser allbefreienden Gewißheit erwachen wir auf dem Wege nach innen: Im heiligen Schweigen des Innern wird durch die allverwandelnde Kraft der Liebe aus Ichgebundenheit All-Erlöstheit, aus Selbstverwirklichung Gottunmittelbarkeit.

In den vergänglichen Dingen der Außenwelt suchen wir das Unvergängliche vergeblich, wie der Mystiker *J. B. Kerning* mahnt. Wir finden es nur, wenn wir dem Weg und Rat aller Weisen und Erleuchteten folgen:

„*Geh in dich!* Dort findest du dich selbst und mit dir alles. In dir allein ist Wahrheit und Leben, das ewige Licht und jene Einheit, aus der Freiheit und Allvollkommenheit erfließen.

Komm in mich! ruft die Stimme der Stille: Ich bin dein innerstes Selbst; du bist nur eine meiner Umhüllungen. Gilt dir das Kleid mehr als sein Träger?

Komm in mich! ruft die ganze Natur und der Kosmos: In meinem Innersten atmet der Geist des Lebens. Was deine Augen sehen, sind nur die Hüllen des Geistes, unter denen sich der göttliche Funke verbirgt.

Geh in dich! mahnt das göttliche Wort: In dir nur kann ich mich dir offenbaren und dich innewerden lassen, daß alle Kraft, alle Wahrheit und alles Licht in dir ist.

Geh in dich! lehren alle Religionen: Im Innersten deines Innern vernimmst du das Wort, das dich leitet und lehrt und dir die Krone der Unsterblichkeit verleiht."

Auf dem *Innenweg der religio* werden wir wach und hellsichtig für die Ganzheit des Universums, die in der Einheit von Seele und Kosmos, Selbst und Allselbst unmittelbar erfahren wird – und für jene von allen Religionen und allen Erleuchteten wie Hermes und Plotin verkündete ‚Heimkehr ins Eine'.

Es ist jene ‚*apokatástasis panton*', jene ‚All-Wiederbringung alles Geschaffenen in die ursprüngliche Einheit mit dem Einen', die die Geschöpfe der Erde – Menschen, Tiere und Pflanzen – genauso umfaßt wie die Trillionen andersartigen Lebensformen auf anderen Welten und in den Reichen des Geistes, die alle gleichermaßen darauf angelegt, dazu berufen und befähigt sind, dieses Endziel der Allentwicklung zu erreichen.

In dieser All-Heimkehr ins Eine verbindet sich die individuelle Selbstverwirklichung der einzelnen Wesen mit dem göttlichen Selbsoffenbarungs- und kosmischen Vollendungs-Prozeß zu einem geschlossenen Ring. Zugleich aber ist diese innere Heil- und Heimatgewißheit unlösbar verknüpft mit der Selbstverantwortung und der kosmischen Aufgabe jedes Wesens, seinen Teil zu diesem Allvollendungswerk beizutragen – in Ehrfurcht vor *allem*, was lebt, und in liebender Fürsorge für alle Geschöpfe – im Gewißsein der Einheit allen Seins in Gott.

LIEBE – SCHLÜSSEL ZUR EINHEIT

„Weisheit mit dem Sonnenblick,
Große Göttin, tritt zurück,
　Weiche vor der *Liebe*!

Wer die steile Sternenbahn
Ging dir heldenkühn voran
　Zu der Gottheit Sitze?
Wer zerriß das Heiligtum,
Zeige dir Elysium
　Durch des Grabes Ritze?

Lockte *sie* uns nicht hinein?
Möchten wir unsterblich sein?
　Suchten auch die Geister
　Ohne *sie* den Meister?
Liebe, Liebe leitet nur,
Zu dem Vater der Natur,
　Liebe nur die Geister."

Der Schlüssel zur Einheit, die Kraft, die alle Wesen „zu der Gottheit Sitz, zum Vater der Natur", zum Einsein mit dem Einen emporzieht, ist die Liebe. Alle Mängel und Unvollkommenheiten, alle Nöte und Leiden löst ihre Lichtkraft, die uns allwärts leitet, bis wir unseres Gott-Trägertums inne werden und unsere Aufgabe als Verkörperung der All-Liebe bewußt erfüllen.

Sie ist auch der Schlüssel zur Weisheit, worauf Schiller hinweist, wenn er im 8. Brief über die ästhetische Erziehung des Menschengeschlechts an den Mut zum Weisesein appelliert:

„Erkühne dich, weise zu sein! Energie des Mutes gehört dazu, die Hindernisse zu bekämpfen, welche die Trägheit der Natur wie die Feigheit des Herzens der Belehrung entgegensetzen."

Wo dieser Mut entflammt, wird dem liebenden Geist alles zum lichten Spiegel seines eigenen Wesens und zugleich zum Berührungspunkt des Endlichen mit dem Unendlichen, der Vielheit des Vergänglichen mit der Einheit des Ewigen.

Seine allenflammte Liebe leitet ihn zu jener *unio mystica*, von der alle zum inneren Licht und Leben Erwachten künden. In ihr wird er der *Sternenhaftigkeit seines innersten Wesens* lebendig bewußt und gewiß – jener „Anlage zur Gottheit, die der Mensch unweigerlich in seiner Persönlichkeit in sich trägt."

AUF DEM WEGE ZU KOSMISCHER BEWUSSTHEIT

Hier, mein Raphael, hast du das Glaubensbekenntnis meiner Vernunft, einen flüchtigen Umriß meiner unternommenen Schöpfung. So wie du ihn hier findest, ging der Samen auf, den du selber in meine Seele streutest. Spotte nun oder freue dich, oder erröte über deinen Schüler. Wie du willst – aber diese Philosophie hat mein Herz geadelt und die Perspektive meines Lebens verschönert.

Möglich, mein Bester, daß das ganze Gerüst meiner Schlüsse ein bestandloses Traumbild gewesen. Die Welt, wie ich sie hier malte, ist vielleicht nirgends als im Gehirn deines Julius wirklich. – Vielleicht, daß nach Ablauf der tausend, tausend Jahre jenes Richters, wo der versprochene weisere Mann auf dem Stuhle sitzt, ich bei Erblickung des wahren Originals meine schülerhafte Zeichnung schamrot in Stücke reiße – alles dies mag eintreffen, ich erwarte es; dann *aber, wenn die Wirklichkeit meinem Traum auch nicht einmal ähnelt,* wird mich die Wirklichkeit um so entzückender, um so majestätischer überraschen.

Sollten meine Ideen wohl schöner sein als die Ideen des ewigen Schöpfers? Wie? Sollte er es wohl dulden, daß sein erhabenes Kunstwerk hinter den Erwartungen eines sterblichen Kenners zurückbliebe?

Das eben ist die Feuerprobe seiner großen Vollendung und der süßeste Triumph für den höchsten Geist, daß auch Fehlschlüsse und Täuschung seiner Anerkennung nicht schaden, daß alle Schlangenkrümmungen der ausschweifenden Vernunft zuletzt in die gerade Richtung der ewigen Wahrheit einschlagen, zuletzt alle abtrünnigen Arme ihres Stromes nach der nämlichen Mündung laufen . . .

Wie alle von der ewigen Liebe und Wahrheit Berührten bleibt auch *Schiller* sich bewußt, daß *Menschenweisheit,* weil noch weit entfernt von der Höhe der *Gottesweisheit*, stets relativ bleibt und vom Grade der geistigen Wachheit und Reife abhängt, und daß darum, was er als höchstes Ideal und erhabenste Realität vor unser Auge stellt, der Wirklichkeit gegenüber bruchstückhaft und unzulänglich ist ...

... In ihr, der Wirklichkeit, ist alles unendlichfach erhabener und vollkommener, als der Menschengeist sich selbst dann zu vergegenwärtigen vermag, wenn er bereits *auf dem Wege zu kosmischer Bewußtheit* ist ... Aber bis zum vollen Erwachen im Aufgang des Innenlichts der Einheit weiß er sich dennoch zu jeder Zeit inmitten des Stromes der All-Liebe, der ihn zum Meer der Vollendung trägt.

Gewiß ist der Mensch – der als Pionier der irdischen Evolution, im Lichte der Ewigkeit und als Einheit gesehen, kaum die Kindheitsstufe durchschritten hat – noch nicht zum dynamischen Bewußtsein der ihm innewohnenden Allkraft erwacht. Wohl spürt er zuweilen den Flammengeist in seiner Brust; doch die Tiefen seines Seelengrundes, der mit dem Gottesgrund eines ist, sind ihm noch verhüllt ...

... Aber wenn die Wirklichkeit des Weltengeistes, des *Einen*, anders ist, kann und wird sie nur unendlich schöner und beseligender sein, als Menschenmund sie zu beschreiben vermag.

Die Harmonie der Welten und die Einheit mit dem Einen läßt sich weder greifen noch begreifen. Sie erblüht als Geschenk von oben aus dem Erleben der inneren Einheit – als ein von der Liebe bewirktes fortschreitend lebendigeres Wachwerden für das Einssein mit dem Geist des Ganzen, und damit, wie Schiller es sieht, für unsere irdisch-kosmische Aufgabe, mit dem heldischen Mut und der verwandelnden Kraft der *Liebe* „das Not-wendige in uns zur Wirklichkeit zu bringen und das Wirkliche außer uns dem Gesetz der Notwendigkeit zu unterwerfen":

> „Nehmt die Gottheit auf in eueren Willen
> Und sie steigt von ihrem Weltenthron.
> Des Gesetzes strenge Fessel bindet
> Nur den Sklavensinn, der es verschmäht;
> Mit des Menschen Widerstand verschwindet
> Auch des Gottes Majestät."

Es ist der allgelassene ‚Widerstand' dessen, der seine Liebeskraft der der Gottheit ebenbürtig weiß, weil sie göttlicher Herkunft ist und weil in ihr Ichwille und Allwille *eins* sind. Sie leitet zur Erfüllung des kosmischen Imperativs Plotins: „Wohne, du ewiglich Einer, dort bei dem ewiglich-EINEN!"
Auf diesem Wege zu kosmischer Bewußtheit sieht sich, wie *Plotin* anfügt, jedes Wesen immer wieder vor der Aufgabe, „sich von allem zu lösen, was dem Göttlichen ungemäß ist, damit es mit seinem innersten all-einigen Selbst auch das Göttliche in seiner All-Einheit schaue als lauter und licht, als das, was alles bedingt."
Geschieht das, wird es seiner kosmischen Freiheit bewußt:

> „Alle Zweifel, alle Kämpfe schweigen
> In des Sieges hoher Sicherheit;
> Ausgestoßen hat es jeden Zeugen
> Menschlicher Bedürftigkeit."

Und dieser Prozeß des All-Erwachens des göttlichen Selbstes schreitet fort,

> „Bis der Gott, des Irdischen entkleidet,
> Flammend sich vom Menschen scheidet
> Und des Äthers reine Lüfte trinkt.
> Froh des ungewohnten Schwebens

Fließt er aufwärts – und des Erdenlebens
Schweres Traumbild sinkt und sinkt und sinkt..."

AUFGANG DES INNENLICHTS

Unser ganzes Wissen läuft, wie alle Weltweisen übereinkommen, schließlich auf eine konventionelle Täuschung hinaus, mit welcher jedoch die strengste Wahrheit bestehen kann. Unsere reinsten Begriffe sind keineswegs Bilder der Dinge, sondern bloß ihre notwendig bestimmten und koexistierenden Zeichen. *Weder Gott noch die menschliche Seele, noch die Welt sind* das wirklich, was wir davon halten. *Unsere Gedanken von diesen Dingen sind nur die endemischen Formen, worin sie uns der Planet überliefert, den wir bewohnen.*

Unser Gehirn *gehört diesem Planeten, folglich auch die Idiome unsrer Begriffe, die darin aufbewahrt liegen. Aber die* Kraft *der Seele ist eigentümlich, notwendig und immer sich selbst gleich; das Willkürliche der Materialien, woran sie sich äußert, ändert nichts an den ewigen Gesetzen, wonach sie sich äußert, solange dieses Willkürliche mit sich selbst nicht im Widerspruch steht, solange das Zeichen dem Bezeichneten durchaus treu bleibt.*

So wie die Denkkraft die Verhältnisse der Idiome entwickelt, müssen diese Verhältnisse in den Sachen auch wirklich vorhanden sein. Wahrheit ist also keine Eigenschaft der Idiome, sondern der Schlüsse, nicht die Ähnlichkeit des Zeichens mit dem Bezeichneten, des Begriffs mit dem Gegenstand, sondern die Übereinstimmung dieses Begriffs mit den Gesetzen der Denkkraft ...

... Und ist nicht jede Übung *der Denkkraft, jede feine Schärfe des Geistes eine kleine Stufe zu seiner Vollkommenheit? ... Die Wirklichkeit schränkt sich nicht auf das absolut Notwendige ein ... Im unendlichen Raume der Natur durfte keine Tätigkeit ausbleiben, zur allgemeinen Glückseligkeit kein Grad des Genusses fehlen ... Jede Fertigkeit der Vernunft, auch im Irrtum, vermehrt ihre Fähigkeit zur Empfängnis der* Wahrheit.

Noch sind die zahllosen Gottfunken in die Materie, in die sie sich senkten, verwoben... Noch sind wir Welten-Wanderer in die Mâyâ verstrickt – und alle Mehrung des Wissens zeigt nur Stückwerk, „konventionelle Täuschung", führt immer nur zu Teil-Erkenntnissen, zu relativen *Modellen*, ‚Zeichen' oder *Symbolen* der Wirklichkeit, deren absolutes Übersein sich unserem Begreifen entzieht...

... Nie werden unsere Körperaugen die Wahrwelt schauen. Nur der Flammengeist in uns wird sie im Maße seiner Erleuchtung und Selbstverwirklichung erleben. Erst wenn die Lichter der Außenwelt dunkel werden im Aufgang des Innenlichts, wenn die innere Sonne sich all-erleuchtend erhebt und das Bewußtsein sich in der liebenden Hingabe des Selbstes zu *kosmischer Bewußtheit* weitet, wird aus seligem Ahnen beglückende Wirklichkeitsgewißheit:

Im Schweigen der Seele erweist sich die Sinnenwelt als Schein, als Spiegelbild der Innenwelt. Dann vollzieht sich, wie *Schiller* sagt, „in den Sinnen ein augenblicklicher Friede; die Zeit selbst, die ewig wandelnde, steht still, indem des Bewußtseins zerstreute Strahlen sich sammeln; und ein Nachbild des Unendlichen, die Form, reflektiert sich auf dem vergänglichen Grunde".

„*Sobald es Licht wird im Menschen, ist auch außer ihm keine Not mehr.*" Doch kein Aufgang des Innenlichts ohne die uneingeschränkt liebende Hingabe an das innerste *Selbst*, ohne absolut vertrauendes Lauschen auf das innere Wort. „Was die innere Stimme spricht, das täuscht die hoffende Seele nicht."

Dieses innerste Selbst meinte Schiller, wenn er fordert:

„Darum, edle Seele, entreiß' dich dem Wahn
Und den himmlischen Glauben bewahre:
Was die Augen nicht sehen, was kein Ohr je vernahm,
Es ist dennoch das Schöne, das Wahre!

Es ist nicht draußen; da sucht es der Tor;
Es ist *in dir*, du bringst es hervor."

Es ist der Weg zum Erleben des „*Ich-Bin*" – des „Ich bin eins mit dem Einen! Ich bin das Eine selbst!" –, wie ihn *Rückert* andeutet:

„Sag': ‚Ich bin ich!' – und wie du sagst, so fühl' es auch:
In deinem kleinen ich des Großen Iches Hauch.
Sag': ‚Ich bin Ich!' – und dich in den Gedanken senke:
Ich denke, was ich bin, und bin das, was ich denke!
Ich von mir selber kann nicht unterschieden sein,
Mein Sein vom Denken nicht, mein Denken nicht vom Sein.

Gott ist das Große Ich, das selbst sich seiend denkt,
Sein Selbst in jeglichen Gedanken so versenkt,
Daß der Gedanke, der geworden äußerlich,
Nur wieder zu sich kommt, wenn er sagt: ‚Ich bin Ich!',
Wenn du dich selber denkst als ewigen Gedanken
Des ewig Denkenden, um ewig ihm zu danken."

Dieses Erleben des *Einsseins* im Aufgang des inneren Lichts ist die höchste Wirklichkeits-Erfahrung, zu der der Mensch sich auf seiner gegenwärtigen Entwicklungsstufe zu erheben vermag – nicht schon durch die Bewußtmachung und Bewußtwerdung des Weges dorthin und auch nicht – außer am Beginn des Weges – durch eignes Wollen und Tun, sondern durch liebende Hingabe und gelassenes *Lassen*.

Es ist die Erfüllung und Krönung seines Daseins, der letzte Schritt seiner irdischen und der erste seiner kosmischen Selbstverwirklichung. In diesem Licht-Erwachen strahlt tausendfacher Sonnenglanz aus der göttlichen Welt hervor, wie *Plotin* sagt, „und taucht den Geist so völlig in seine Lichtflut, daß er ganz durchglutet und vergöttlicht wird".

KINDER DES KOSMOS

... Laß, teurer Freund meiner Seele, laß mich immerhin zu dem weitläufigen Spinngewebe der menschlichen Weisheit auch das Meinige beitragen. Anders malt sich das Sonnenbild in dem Tautropfen des Morgens, anders im majestätischen Spiegel des erdumgürtenden Ozeans! Schande aber dem trüben wolkigen Sumpfe, der es niemals empfängt und niemals zurückgibt!
Millionen Gewächse trinken von den vier Elementen der Natur. Eine Vorratskammer steht offen für alle; aber sie mischen ihren Saft millionenfach anders, geben ihn millionenfach anders wieder. Die schöne Mannigfaltigkeit verkündet einen reichen Herrn dieses Hauses. Vier Elemente sind es, woraus alle Geister schöpfen: ihr Ich, die Natur, Gott und die Zukunft. Alle mischen sie millionenfach anders, geben sie millionenfach anders wieder; aber eine Wahrheit ist es, die, gleich einer festen Achse, gemeinschaftlich durch alle Religionen und alle Systeme geht –: „Nähert euch dem Gott, den ihr meinet!"

Im 8. Brief über die ästhetische Erziehung des Menschen setzt Schiller – wie hier am Schluß seiner ‚Theosophie des Julius' – unserem Streben das höchste Ziel:

„Die Vernunft hat geleistet, was sie leisten kann, wenn sie das Gesetz findet und aufstellt; vollstrecken muß es der mutige Wille und das lebendige Gefühl" – die göttliche Kraft der *Liebe*, die den Menschen dem Ruf seiner geistigen Mutter, des Kosmos, folgen läßt:

Erhebe dich aus dem Erdensinnentraum und -trug zur Innewerdung deiner Geistigkeit, Unvergänglichkeit und All-Einheit! Erwache zu der ewigen Wahrheit, die aller Religionen Lichtquell ist, wage selbstbesinnend den Schritt vom irdischen Ich zu deinem kosmischen Selbst, das seiner selbst gewiß ist:

Ich bin! Ich bin das durch sich selbst seiende Selbst, das weder der bunte Wechsel der Formen noch das Kommen und Gehen der Zeiten berührt. Ich bin ‚der göttliche Teil des Menschenwesens' meiner unwandelbaren inneren Einheit wie meines Einsseins mit dem Einen gewiß. Ich bin Träger aller Kräfte, Vermögen und Möglichkeiten des Universums! Nur dem Ichbewußtsein und der Körperhülle nach bin ich ein Kind der Erde, *meinem innersten Wesen nach* ein Kind des Kosmos, *das sich „mit dem ewig wechselnden Stoff umhüllt, in allem Wandel, in allen Fluten der Veränderung aber beständig sich selber gleich bleibt!"*

Mit diesem Erwachen des kosmischen Bewußtseins vollzieht der Mensch den entscheidenden Schritt vom planetarischen zum kosmischen Menschentum. Es ist der Schritt aus der Vereinzelung und Einsamkeit in die All-Gemeinsamkeit des göttlichen Selbstes, mit dem das an die irdische Kinderstube gebundene Jugendstadium des Menschenwesens endet und eine Epoche universaler Reife beginnt, deren Ende nicht abzusehen ist.

In seiner „Philosophie der Physiologie" weist Schiller auf diese Aufgabe allen Menschentums hin: „Gottgleichheit ist die Bestimmung des Menschen." Seine Berufung ist es, „mit den Kräften der Gottheit geadelt, den großen Plan des Ganzen zu entdecken, aus dem Plan den Schöpfer zu erkennen, ihn zu lieben, ihn zu verherrlichen" und im Einssein mit ihm zum Mitvollender des göttlichen Allselbstoffenbarungswerkes zu werden.

Wenn Schiller vom „Übertritt des Menschen in den Gott" spricht, meint er die Selbstverwirklichung und Einung des menschlichen Selbstes mit dem göttlichen Allselbst, deren erste Frucht die Erkenntnis der Freiheit des Selbstes ist; denn – wie Schiller es in einem Brief an Körner ausdrückt – „frei sein und durch sich selbst bestimmt sein, von innen heraus bestimmt sein, ist *eins*".

Mit dem Erwachen des inneren Menschen beginnt das kosmische Zeitalter der Menschheit, in dem die Menschen – mit einem Goethe-Wort – sich immer bewußter „als Werkzeuge einer höheren Welt erkennen, als würdig befundene Gefäße eines göttlichen Einflusses." Diese zu ihrer kosmischen Berufung erwachten Menschen sind die eigentlichen Lebensmeister, denen Schiller zuruft:

„Erhebet euch mit kühnem Flügel
Hoch über euren Zeitenlauf!
Fern dämm're schon in eurem Spiegel
Das kommende Jahrhundert auf.
Auf tausendfach verschlung'nen Wegen
Der reichen Mannifaltigkeit
Kommt dann umarmend euch entgegen
Am Thron der hohen Einigkeit!

Wie sich in sieben milden Strahlen
Der weiße Schimmer lieblich bricht,
Wie sieben Regenbogenstrahlen
Zerrinnen in das weiße Licht:
So spielt in tausenfacher Klarheit
Bezaubernd um den trunk'nem Blick,
so fließt in *einen* Bund der Wahrheit,
In *einen* Strom des Lichts zurück!"

Vielgestaltig ist alles Leben und Sein in allen Welten – aber *einer* Wurzel ist es entsprungen, *einem* Meer strömen alle Bäche und Flüsse entgegen: dem unendlichen Lichtmeer der All-Harmonie und All-Einheit.

Ein Weiser nannte die Wesen in allen Welten Wanderer, die von allen Seiten, aus allen Regionen den Götterberg der Erkenntnis ersteigen:

... Die noch unten in den Tälern Schreitenden vermögen kaum die nächsten Höhen zu erkennen. Wohl erblicken sie den Berg in der Ferne, aber seine Gipfel haben ewige Wolken ihren Augen verhüllt ...

... Je höher die Wanderer auf ihren Wegen gelangen, desto weiter dehnt sich ihr Blick, desto größer wird der Teil des All-Lebens, den sie zu überschauen vermögen, desto gewaltiger überragt ihr Erkennen das der ihnen folgenden ...

... Und in jedem einzelnen Wesen spiegelt sich die gleiche Welt, je nach seinem Standort, anders ...

... Erst denen, die sich dem Gipfel nähern und schließlich auf ihm rasten, stört kein Hindernis mehr den Rundblick. Ihnen wird Fernschau zur Allschau ...

... Um sie ist nichts als Licht, und selbst zu Licht geworden, entschwingen sie sich dem Gipfel und gleiten schwerelos aufwärts – empor zu den sonnenhaften Reichen ewigen Einsseins mit dem EINEN.

Weitere lieferbare Bücher von K. O. Schmidt:

Bhagavad Gita – Das hohe Lied der Tat.
148 Seiten, kartoniert

Brücken der Einheit von Ost und West – Ramakrishna, Vivekananda und Omkar als Lehrer eines neuen Denkens, 144 Seiten, kartoniert

Das Abendländische Totenbuch (Bd. I) – Und der Tod wird nicht mehr sein
264 Seiten, Efalin gebunden

Das Abendländische Totenbuch (Bd. II) – Wir leben nicht nur einmal
432 Seiten, Efalin gebunden

Der kosmische Weg der Menschheit – Im Wassermann-Zeitalter
120 Seiten, kartoniert

Der Rosenkreuzer-Weg zur Selbstverwirklichung – Sei du selbst
172 Seiten, kartoniert

Die Goldene Regel – Das Gesetz der Fülle
87 Seiten, kartoniert

Die Religion der Bergpredigt – Grundlage rechten Lebens
200 Seiten, Efalin gebunden

Dreistufenweg zum Gral
72 Seiten, kartoniert

Du bist begabter als du ahnst – Anleitung zur Entfaltung latenter Talente
216 Seiten, kartoniert

Erfolgsdynamik – Der Schlüssel zum Glück
256 Seiten, kartoniert

INSPIRATION – Geheimnis, Sinn und Erfahrung – Ein Mabel-Collins-Brevier, 96 Seiten, kartoniert

In Dir ist das Licht – Vom Ich-Bewußtsein zum kosmischen Bewußtsein, Leben und Lehren von 49 Mystikern, 392 Seiten, Efalin gebunden

In Harmonie mit dem Schicksal – Wege zu neuem Menschentum
188 Seiten, kartoniert

Kinder des Kosmos – Friedrich von Schillers »Theosophie des Julius«
112 Seiten, kartoniert

Kraft durch Atmen – Einführung in die Praxis des bewußten Vollatmens,
108 Seiten, kartoniert

Lebe bewußt – Die Lehre vom Tao
96 Seiten, kartoniert

Macht der Mütter – Wege zu ihrer Verwirklichung
124 Seiten, kartoniert

Mehr Macht über Leib und Leben – Wegweiser zu geistiger Selbsthilfe
128 Seiten, kartoniert

Meister Eckeharts Weg zum kosmischen Bewußtsein – Ein Brevier praktischer Mystik, 204 Seiten, Efalin gebunden

Selbsterkenntnis durch Yogapraxis – Patanjali und die Yoga-Sutras
160 Seiten, kartoniert

Seneca – Der Lebensmeister
120 Seiten, kartoniert

So heilt der Geist – Wesen und Dynamik des geistigen Heilens
288 Seiten, kartoniert

Tao Teh King – Wegweisung zur Wirklichkeit
224 Seiten, Efalin gebunden

Thomas-Evangelium – Geheime Herren – Worte frühchristlicher Handschriften, 240 Seiten, Efalin gebunden

Universale Religion nach Vivekananda – Werden, Wesen, Wollen und Verwirklichung, 88 Seiten, kartoniert

Vorgeburtliche Erziehung – Kleinkind-Erziehung, Ehegestaltung
196 Seiten, kartoniert

Was ist Theosophie? – Wesen und Mystik der Theosophie, Ein Franz-Hartmann-Brevier, 136 Seiten, kartoniert

Wege zum Glück – Magie im Alltag
96 Seiten, kartoniert

Der Weg zur Vollendung durch Konzentration und Kontemplation
316 Seiten, Efalin gebunden

Wie konzentriere ich mich? – Konzentration leicht gemacht
124 Seiten kartoniert

Weihestunden der Seele – Herzgedanken für jeden Tag des Jahres, von J. F. Finck, Fra Tiberianus, J. C. Lavater und K. O. Schmidt, 384 Seiten, Efalin gebunden

Wunder der Willenskraft – Eine Willensschule für jedermann
232 Seiten, kartoniert

DREI EICHEN VERLAG
Etzstr. 43a, D-8300 Ergolding